VfB STUTTGART – EINBLICKE
Hintergründe einer Saison

VfB STUTTGART – EINBLICKE
Hintergründe einer Saison

Piper München Zürich

KircherBurkhardt
Rotebühlstraße 81
70178 Stuttgart

Den VfB ins Visier nehmen.
Ein ganzes Jahr lang. Genau hinhören,
exakt beobachten, Antworten ein-
sammeln, wo sonst nicht mehr nachgefragt
werden darf. Fußball mal von der
anderen Seite erleben. Von innen, zwischen
den Spielen. Menschen kennenlernen.
In das Herz und die Seele des Vereins
vordringen. Sich dort aufhalten,
wo hart gearbeitet, gerechnet, gehofft
und geplant wird. Aufspüren, was diesen
Verein zum VfB Stuttgart macht.

Davon handelt dieses Buch.

Alles mitgeschrieben

Autor Reiner Schloz entdeckt den Fußball neu

Die Phase der intensiven Auseinandersetzung mit einem Fußballverein glaubte er längst hinter sich zu haben. Autor Reiner Schloz begleitete den VfB Stuttgart in den 80-er und 90-er Jahren für die *Stuttgarter Nachrichten* auf Schritt und Tritt, ehe er aus dem Sportjournalismus ein Hobby machte. Für dieses Buch tauchte er noch einmal tief ein ins Geschehen und entdeckte den Fußball neu: mit alten Bekannten, mit Spielern, die jetzt seine Söhne sein könnten, durch Veränderungen, die er so nicht erwartet hatte, und durch viele Gespräche mit interessanten Menschen, die immer wieder die Frage aufwarfen: „Darf ich dir das eigentlich erzählen?" Sie durften. Ausnahmsweise.

Inhalt

Einblicke

Prolog | Eine Nacht in Berlin 8
Aufstehen! Weitermachen! 10

Kapitel 1 | Wenn der Ball ins Rollen kommt 16
Fehlschuss 18
Warmlaufen 23
Im faradayschen Käfig 36

Kapitel 2 | Alles unter Kontrolle 44
Voll auf Angriff 46
Ein frühes Tor ist immer gut 57
Das nächste Spiel ist immer das schwerste 75

Kapitel 3 | Unter Männern 86
Macht und Verantwortung 88
Das Prinzip Ordnung 100
Platzbesichtigung 118
Mit Stolz und Gottvertrauen 128

Kapitel 4 | Die Kunst des schnellen Umschaltens 140
Die schwarze Null muss stehen 142
Heimspiel 149
Die Zukunft braucht morgen auch noch einen Tag 156

Kapitel 5 | Strömungen und Stimmungen 162
Ein Spiel ändert alles 164
Schlussoffensive 172

Impressum 180

Prolog

Eine Nacht in Berlin

„Im Sommer wollen wir eine Mannschaft
haben, die unseren Vorstellungen
zum ersten Mal richtig nahekommt."

Fredi Bobic, Manager des VfB Stuttgart,
nach dem Pokalfinale am 1. Juni 2013 in Berlin

Aufstehen! Weitermachen!

Bilder von Sehnsucht enden nicht immer am Horizont, der die Sonne aufgehen lässt. Oft necken Begierden aus nächster Nähe, um sich dann unerreichbar zu entziehen. Cacau fehlte kaum ein Meter, eine Armlänge zu diesem Pokal, der sich provokativ auf dem Podest in Stellung gebracht hatte, bereit, abgeräumt zu werden. Doch Cacaus Hand blieb ruhig am Körper, sein Blick suchte den Boden. Der Kopf verharrte gesenkt, weil die Enttäuschung auf alle Muskeln drückte. Wie schwer geplatzte Träume wiegen, gerade hier, im Berliner Olympiastadion, kann nur ermessen, wer selbst schon mal ein solches Spiel verloren hat: Finale. Die letzte Entscheidung, das Ziel vor Augen, zu allem bereit, um dann doch abgegrätscht zu werden.

2:3 gegen Bayern München, die Übermannschaft des Jahres in Deutschland und Europa, der haushohe Favorit. In diesem Endspiel um den DFB-Pokal am 1. Juni 2013, Abschluss einer aufreibenden Saison, war noch einmal alles möglich. Es ging hin und her, und doch führten die Bayern Mitte der zweiten Halbzeit mit 3:0. Als alle mit einem hohen Münchner Erfolg rechneten, kam der VfB zurück. Trotzig, entschlossen und treffsicher. Martin Harnik verkürzte mit seinen beiden Toren auf 2:3, der Ausgleich – und damit die Verlängerung – lag in der Luft. Aber es reichte nicht mehr. Schlusspfiff. Aus.

Der Fußball bringt immer die Gedanken an die Überraschung, die Sensation ins Rollen. Aber dann, mit seiner ganzen Boshaftigkeit, sorgt er manchmal doch für einen Ausgang, der logisch erscheint, mag der Weg dorthin noch so kurios gewesen sein. Es gibt keinen Spieler, der das einfach wegsteckt. Nicht in diesem Spiel, nicht an diesem Ort, nicht, wenn es Konfetti für die anderen regnet.

Serdar Tasci, der Kapitän, lag rücklings auf dem Rasen, regungslos, als wolle er nie mehr aufstehen. Antonio Rüdiger konnte nicht mehr hinschauen. Er wollte nicht zusehen, wie die Bayern feierten. Der Kreuzberger Junge, die große Nachwuchshoffnung beim VfB, hatte 30 Karten für Freunde und Familie besorgt, um anschließend mit ihnen zu feiern. Jetzt brauchte er ihren Trost. Der Sprachgebrauch in solchen Momenten ist kurz und prägnant. Grausam. Bitter. Beschissen. Ja, es fühlte sich grausam, bitter und beschissen an.

Sie waren nach Berlin gekommen, um zu gewinnen. Sie hatten ja nichts zu verlieren. Mit ihnen rechnete keiner. Nur sie selbst. Nun, mit der Gewissheit des Ergebnisses und der Erfahrung, dass die Überraschung tatsächlich möglich gewesen wäre, kroch die Enttäuschung in alle Glieder und die Leere in den Kopf. Es war nur allzu verständlich, dass die Mannschaft in den ersten Minuten nach der Niederlage den Zeichen der Zeit die Anerkennung verweigerte. Aber sie waren da.

Siehe Cacau. Sieben Monate lang hatte sich der dienstälteste VfB Spieler mit den Folgen eines Kreuzbandrisses herumgeplagt, auf eine Operation verzichtet, Rückschläge erlitten und sich zurückgekämpft. Immerhin für die letzten 15 Minuten des Finales reichte die Kraft. Er wird wiederkommen.

Siehe Antonio Rüdiger. 19 Jahre jung war er, als er zu Saisonbeginn in den Profikader aufrückte und insgeheim davon träumte, auf 15 Einsätze zu kommen. Am Ende gehörte er zum erlauchten Kreis der Stammspieler, die 90 Minuten lang die Atmosphäre eines Pokalfinales genießen durften. Die Zeit spielt für ihn.

Oder Alexandru Maxim. Im vergangenen Winter machte der VfB nochmals große Anstrengungen, um den talentierten 22-jährigen Rumänen zu erwerben. Er sollte ganz langsam aufgebaut werden. Aber Pläne haben im Fußball oft keine allzu lange Halbwertzeit, weil die Aktualität permanent mit Überraschungen aufwartet, auf die es schnell zu reagieren gilt. Und so entwickelte sich der Mittelfeldspieler mangels personeller Alternativen schnell zu einem festen Bestandteil des Teams und konnte seinem Talent freien Lauf lassen. Es war schön zu sehen in diesem Endspiel, warum VfB Manager Fredi Bobic und Trainer Bruno Labbadia den Rumänen unbedingt an den Neckar hatten holen wollen. Mit Hackentricks, Beinschüssen und anderen gelungenen wie gewagten Aktionen brachte er die Bayern-Stars ein ums andere Mal in Verlegenheit. Aber man sah auch, warum der VfB ihn langsam aufbauen will. Denn irgendwann ging Maxim die Kraft aus, weil sich jeder Spieler an Tempo und Intensität im deutschen Fußball erst gewöhnen muss, mögen seine Fähigkeiten auch noch so außergewöhnlich sein. Maxim wird an Stärke gewinnen.

Und da war die Mannschaft, die im 52. und letzten Pflichtspiel dieser Saison noch einmal eindrucksvoll ihre Nehmerqualitäten unter Beweis stellte. Mit einem dünnen Kader hatte sie sich in drei Wettbewerben aufgerieben, viel Kritik einstecken und viele Rückschläge wegstecken müssen. Aber aufgegeben hat sie nie. Und nun in Berlin, als eine schwere Niederlage drohte, kam sie zurück, so wie das ganze Jahr über, und brachte die Bayern ins Wanken.

Noch vor Ort feierten die 20.000 mitgereisten Fans ihre todunglücklichen Verlierer, wie sie es zuvor nur selten getan hatten. Denn sie hatten in diesem Spiel ein Versprechen für die Zukunft gesehen und deshalb die Mannschaft und die Seele des Spiels hochleben lassen.

Aufstehen! Weitermachen!

Nur darum geht es. Es zählt der Glaube an sich selbst, der den Erfolg bringen wird. Egal, was war. Wer innehält, zurückblickt oder gar resigniert, wird schnell nach hinten durchgereicht, weil der Fußball zwar faszinierend, aber eben auch gnadenlos sein kann.

Aufstehen! Weitermachen!

Noch in der Nacht von Berlin legten Trainer Bruno Labbadia und Manager Fredi Bobic den Schalter um. Die Teller beim Bankett im „U 3", der Eventmeile unter dem Potsdamer Platz, waren noch nicht abgeräumt, und die traurigen Helden trugen an der Niederlage noch immer schwerer als an ihrem Ausgehanzug, als Bruno Labbadia seine Spieler für die „wahnsinnig gute Einstellung zu ihrem Job" lobte. Und Fredi Bobic nahm gleich wieder alle kollektiv in die Pflicht: „Es liegt an uns, diesen Weg weiterzugehen."

Dieser Weg hatte in den Monaten zuvor durch starken Druck eine Korrektur erfahren. Noch in Berlin nahm Präsident Gerd E. Mäuser nach knapp zwei Jahren seinen Abschied. Und dass der Aufsichtsratsvorsitzende Dr. Dieter

Der VfB lebt von einer geschlossenen Mannschaftsleistung. Ein Großteil davon wird hinter den Kulissen vollbracht.

Hundt nur wenige Wochen später zurücktreten würde, zeichnete sich ebenfalls schon ab. Die unvermeidlichen Kämpfe um den Sparkurs, der von Aufsichtsrat und Präsident verordnet worden war, sorgten intern für aufreibende Diskussionen. Trainer und Manager hatten sich zwar einverstanden erklärt, den schweren Weg mitzugehen. Aber die Absichten, den Kader auszudünnen, um auf dem Transfermarkt Geld einzunehmen, und gleichzeitig durch eine erfolgreiche Teilnahme an verschiedenen Wettbewerben den Verein auf eine finanziell noch gesündere Basis zu stellen, lassen sich auf Dauer nicht vereinbaren. Das konnte auch die Finalteilnahme im DFB-Pokal nicht überdecken. „Im Sommer wollen wir eine Mannschaft haben, die unseren Vorstellungen zum ersten Mal richtig nahekommt", verkündete Bobic deshalb.

Aufstehen! Weitermachen!

Diese Einstellung ist allgegenwärtig. Ein Jahr lang haben wir den VfB Stuttgart begleitet. Und als wir im Frühsommer 2012 damit begannen, wusste niemand, wohin der Weg führen würde. Schon gar nicht, dass die Endstation Berlin heißen würde. Uns wurden Türen geöffnet, die sonst eher verschlossen bleiben, wir haben in Ecken geblickt, die nicht im Scheinwerferlicht des Showgeschäfts Bundesliga glänzen, Gespräche geführt, Momentaufnahmen festgehalten, Szenen beobachtet. Alles, um ein Gefühl dafür zu bekommen, wie ein Profiklub funktioniert. Denn der VfB Stuttgart lebt von einer geschlossenen Mannschaftsleistung. Ein Großteil davon wird hinter den Kulissen vollbracht. Von starken Typen, Künstlern, Kämpfern, Neulingen, fleißigen Helfern, Experten und kühlen Rechnern, die sich im Profigeschäft dem Erfolg verpflichtet fühlen. Der Alltag kann dabei so spannend sein wie ein Finale. Denn die Wahrheit ist doch nicht nur auf dem Platz. Weil Spieler und Mannschaft in der Öffentlichkeit auf eine Art und Weise wahrgenommen werden, die sich mit der Innenansicht nicht immer deckt. Weil der Ausnahmezustand fast die Regel ist. Weil Menschen strategisch planen und sich nebenher einen ständigen Zweikampf mit der Aktualität liefern. Weil Menschen wichtige Entscheidungen treffen müssen. Weil viele ihre Arbeit erledigen und noch nie interviewt wurden. Und weil es sich beim VfB Stuttgart eigentlich um ein normales mittelständisches Unternehmen handelt – und trotzdem alles ganz anders ist. Denn da ist dieser Ball, der macht, was er will. Manchmal tut er Gutes, manchmal aber auch nicht …

Kapitel 1

Wenn der Ball ins Rollen kommt

„Ich hätte alles machen können.
Ich hätte auch den Kopf oder die Hacke
nehmen können."

VfB Stürmer Vedad Ibisevic über seinen verschossenen
Elfmeter (88.) gegen Wolfsburg

Fehlschuss

Das Netz fängt den Ball ab. Wölbt sich Richtung Cannstatter Kurve, nimmt dem Irrläufer die ganze Wucht und überlässt ihn der Schwerkraft. Wie Fallobst nach unten. Die Ultras, sonst um keinen Schrei verlegen, verfolgen die unerwartete Flugbahn mit kollektivem Entsetzen. Die restlichen Zuschauer schließen sich der Gefühlsregung an. Ein kurzes Schweigen ohne jede Andacht. Es löst sich auf in ein gestöhntes Gejammer. Als ließe man aus 50.000 Bällen die Luft raus. Gleichzeitig. Saisonauftakt 2012/2013. Gegen Wolfsburg ereignet sich Unfassbares.

Auf dem Feld, vielleicht sechs Meter vom Tor entfernt, er sieht noch das Weiße in den Augen der Ultras, löst sich Vedad Ibisevic nur schwer aus seiner Schockstarre. Hat er das gerade wirklich getan? Sekunden zuvor war er durchgestartet auf dem Weg, der Mann des Spiels zu werden. Wie so oft schon. Er mag die Rolle. Matchwinner. Hätte ihm keiner mehr nehmen können. Elfmeter. In der 88. Minute. Bei 0:0. Und dann das. Gut, ob ihn Pogatetz wirklich gefoult hat, elfmeterreif, das war ja nicht sein Problem, nachdem Schiedsrichter Tobias Welz, Polizist, gepfiffen hatte. Und schon gar kein Grund für das: Anlauf, Schuss in die rechte Ecke (von ihm aus), Benaglio ahnt die Richtung (Elferstatistik im Kopf, Fußhaltung des Schützen richtig gedeutet, purer Zufall, Bauchgefühl – spielt keine Rolle), macht sich lang, kommt an den Ball. Schlecht, aber nicht schlimm. Denn Benaglio klatscht den Ball ab, genau Ibisevic vor die Füße. Wolfsburgs Schlussmann krabbelt irgendwo im Eck über den Rasen. Ibisevic hat also einen zweiten Versuch, einen Nachschuss – und das leere Tor vor sich. Eine dieser Situationen, in denen man eigentlich alles machen kann. Und sich für das Falsche entscheidet. Der Torjäger haut drauf (überhastet – und mit welchem Fuß eigentlich?). Der Ball rauscht links und hoch am Pfosten vorbei. Fangnetz. Leider nicht Tornetz.

„Nicht schon wieder." Serdar Tasci versucht, seine Enttäuschung unter Kontrolle zu halten. Ja nicht die Hände vors Gesicht schlagen. Keine Verzweiflung zeigen. Oder Resignation. Er schon gar nicht. Als Kapitän. Aber, verdammt noch mal, was ist das bloß mit dem Saisonstart? 2009 in Wolfsburg 0:2 verloren, 2010 in Mainz auch 0:2. Und die Hinrunde verlief entsprechend. Eine Katastrophe. Bis zur Trainerentlassung. Jedes Mal. Sie wollten es unbedingt anders machen. Besser. Haben dauernd darüber geredet: Hinrunde praktisch alles verloren, Rückrunde alles gewonnen. Praktisch. Würden sie zwei Mal am Stück eine Rückrunde spielen, hieße das Champions League. Garantiert. In der Vorbereitung voll reingehängt. Lief super. Hart trainiert. Immer wieder miteinander gesprochen. Er, der Kapitän, mit Niedermeier, Harnik, Gentner, auch mit Cacau, Marc Ziegler. Im Mannschaftsrat eben und mit den erfahrenen Spielern.

Okay, heute lief es bisher nicht so gut. Vor einer Weile schon war klar: nicht mehr volles Risiko. Dann ist man eben mit einem Punkt zufrieden. Also Räume eng machen, keins mehr bekommen. Der Trainer hat signalisiert, der Kapitän die Mannschaft entsprechend dirigiert. Und dann bekommst du den Sieg trotzdem auf einem goldenen Tablett serviert. Ausgerechnet Vedad. Trifft sonst alles. Jetzt hängen die Schultern. Aber das geht nicht. Sind noch zwei Minuten. Wegstecken. Weitermachen. Aufpassen. Tasci klatscht in die Hände: „Los. Macht nichts. Weiter geht's."

Los. Macht nichts. Weiter geht's. Keine taktische Anweisung im klassischen Sinne. Eher ein Weckruf, eine Mahnung an die Kollegen: Sofort wieder auf Spielmodus schalten, Konzentration hoch halten, Elfer ausblenden, so tun, als wäre nichts passiert – auch wenn es tief sitzt. Es sind doch nur noch ein paar Sekunden.

Ein paar Sekunden zu viel. Sitzt dann doch ganz tief, der Elfer. Vieirinha (Wolfsburg) flankt von rechts, am Fünfmeterraum steht Bas Dost. Ja, wo kommt denn der baumlange Kerl plötzlich her? Bas Dost köpft, 0:1. Basta. Tasci fühlt einen starken Brechreiz. Wie es den Kollegen geht, will er gar nicht wissen. Niemand schaut irgendjemanden an. Tunnelblick. Vor 70 Sekunden noch den Sieg vor Augen. Und jetzt der Verlierer. Aus. Im Stadion pfeift niemand. Glaubt ja keiner, was er da gerade gesehen hat. Nur einer springt von seinem Platz auf. Marcus Jung, den alle nur Max nennen, sieht

Handlungsbedarf. Schadensbegrenzung. Er muss schnell runter auf den Rasen. Max Jung ist Pressechef beim VfB. Heißt offiziell Direktor Medien/Kommunikation, aber egal. Jung ist neu. Arbeitete beim Fernsehen. Fußballchef bei Sky. Kommt von der anderen Seite sozusagen. Weiß, was die Herren vom Fernsehen jetzt wollen: Ibisevic vor die Kamera zerren. Tragische Helden bringen Quote. Und vielleicht rastet er ja aus, wenn er entsprechend blöd gefragt wird. Dann schafft es das Interview in den Jahresrückblick. Gut für den Sender, nett für die Zuschauer. Schlecht für Ibisevic und für den VfB. Zeit gewinnen, ein paar Minuten wenigstens. Damit Vedad ein bisschen runterkommt. Den Rest macht er mit Routine.

Bruno Labbadia. Der Trainer sieht aus, als habe er körperliche Schmerzen. Hatte ja auch seine Erwartungen an den Saisonstart. Warnte zwar immer wieder, wirkte aber zuversichtlich. Hat Vertrauen in die eigene Arbeit. „Bruno, alles klar?" Labbadia nickt, kann aber noch nichts sagen. Hat sich im Griff, ist eben ein Profi. Und der Manager? Fredi Bobic hat sich gleich den Unglücksraben geschnappt. Ist vielleicht am besten. Bobic war ja auch Torjäger. Weiß, wie sich Vedad jetzt fühlt, findet die richtigen Worte, falls Worte gerade überhaupt helfen. „Fredi", sagt Max Jung, „lass erst die anderen was sagen." Bobic gibt Ibisevic einen Klaps und schiebt ihn aus der Schusslinie. Dann stecken die drei die Köpfe zusammen. Jung, Labbadia, Bobic. Man muss jetzt nichts schlechtreden. Sprachregelung: Riesenpech. Gutes Spiel, leider nicht belohnt worden. Bitter, aber wirft uns nicht um.

Hab ich gar nicht gebraucht, so ein Spiel. Fredi Bobic bläst die Backen auf und spuckt die 90 Minuten aus, als wären sie Rattengift. Er ist ein harter Hund, war er schon damals als Spieler. Knitz und torgefährlich. Hat immer seine Meinung gesagt, mal witzig, mal ziemlich emotional. Macht er als Manager auch noch und weiß, dass er sich nicht nur Freunde macht. Aber bevor sich Spieler oder Trainer ins Feuer stellen, übernimmt lieber er das. Er verträgt's. Seine Hauptaufgabe jetzt ist aber Aufbauarbeit. Bei Ibisevic, beim Trainer. Dabei könnte er eine Pause brauchen. War zwei Tage unterwegs. Gestern ist er noch nach Warschau geflogen, nahm sich einen Mietwagen, drei Stunden bis an die weißrussische Grenze, Spieler beobachten. Milik. Interessanter Mann, aber irgendwas stimmt mit dessen Manager nicht. Na, mal sehen.

Jedenfalls nach dem Spiel wieder ins Auto, war gegen ein Uhr nachts zurück in Warschau. Nahm am Morgen den ersten Flieger nach Deutschland. Hat es gerade so zum Anpfiff nach Stuttgart geschafft. Und dann das. „Bruno, Fredi", sagt Max Jung, „kommt Ihr? Pressekonferenz."

Bild: „Elfer-Depp"

Stuttgarter Zeitung: „Der VfB wirkt ideenlos"

Stuttgarter Nachrichten: „VfB enttäuscht Fans"

Ach, die gehen aber hart ran. Max Jung studiert den Pressespiegel. Der Montagmorgen macht den Saisonauftakt auch nicht besser. Wegen dieser einen verdammten Szene. Aber immerhin: Der Ball rollt endlich wieder. Unten in der Kabine streift der Blick von Martin Harnik die *Bild*-Schlagzeile. Der Österreicher hat ja Humor mit einer Prise Sarkasmus. „Sag mal, Serdar, wollten wir es nicht eigentlich ganz anders machen?"

„Ja, ja", sagt der Kapitän, „wir wollten es ganz anders machen."

Warmlaufen

Der erste Gegenspieler am Morgen ist eine Isomatte. Unmöglich, ihr auszuweichen oder sie gar abzuschütteln. Es gibt kein Entrinnen. Trainingslager Mitte Juli. Noch vier Wochen bis zum Saisonstart.

„Denkt an das Strecken der Arme!"

„Schulterblätter auf den Boden!"

„Kniegelenke hoch, Kopf nach unten!"

„Fußspitzen nicht nach außen drücken und nicht nach oben!"

Der Teppichboden im Saal dämpft die Befehle von Dr. Christos Papadopoulos nur unzureichend. Der Konditionstrainer des VfB kontrolliert das Feld, das er selbst bestellt hat. Zu seinen Füßen liegen 27 Spieler, Trainer Bruno Labbadia und Co-Trainer Eddy Sözer. Die Gymnastik gehört zum morgendlichen Ritual. „Wie Zähneputzen", sagt Bruno Labbadia. Der Bewegungsablauf schürt den Hass. Keiner mag diese Übungen, die man eher Kunstturnern oder Balletttänzerinnen zumutet anstatt Profifußballern. Aber sie regen die Muskeln an, denen sonst kaum beizukommen ist. Und sie dehnen Muskeln und Bänder zur Vorbereitung auf eine Saison, die mit möglichst wenig Verletzungen ablaufen soll.

„Die Stellung halten, noch zehn Sekunden, und noch zehn", sagt Papadopoulos mit der Stimme des Dompteurs. Die Profis verziehen das Gesicht und sehnen das Ende herbei. Morgens, 7.15 Uhr, verschwenden die Spieler noch keinen Gedanken an die Idylle am Rand von Donaueschingen. Ein Trainingslager ist sowieso wie das andere. Wald, Wiesen, Berge, Sonne, das ganze romantische Zeug hilft da nicht weiter. Nicht mal die Architektur eines Golfplatzes. Und trotzdem: Das Hotel Öschberghof genießt einen guten Ruf in der Bundesliga. Der VfB bereitet sich hier schon zum vierten Mal auf eine Saison vor. In diesem Jahr war Schalke schon da, Bremen kommt noch. Für die Gäste aus der Bundesliga haben die Hausherren die komplette Terrasse gesperrt. Von hier lässt sich das 18-Loch-Gelände überblicken mit seinen Fairways und Grüns, den Bäumen und leichten Erhebungen. Ganz hinten, jenseits der Bäume und ungefähr fünf Minuten zu Fuß entfernt, liegt der eigens angelegte Trainingsplatz.

„Schulterblätter auf den Boden und halten."

Hier werden sonst Tagungen abgehalten. Schlauberger werfen Powerpoint-Präsentationen an die Wand, Gebietsleiter nehmen ihre Prämien in Empfang, hoffnungsvolle Nachwuchstalente kämpfen mit der Weiterbildung. Alles nichts gegen das. Zwischen der Musik ist immer wieder kurz, aber unmissverständlich die Stimme von Christos Papadopoulos zu hören. „Seitenlage, Ellbogen auf den Boden, Hüfte hoch, Bein abspreizen, halten." So geht das jeden Morgen eine Stunde lang. Abwechslung bringt nur Mannschaftsarzt Dr. Raymond Best ins Spiel. Wie bei einer Castingshow pickt er sich per Handzeichen einen Spieler nach dem anderen heraus und winkt ihn zu sich. Der Erlöste wird ins Ohr gepickt (was immer noch besser ist, als Papadopoulos zu gehorchen), der Bluttest an Ort und Stelle durchgeführt und die Ergebnisse dem Trainerstab bereits auf dem Frühstückstisch präsentiert. Bruno Labbadia zieht daraus seine Schlüsse, kann entscheiden, ob er in seinem Trainingsprogramm für die gesamte Mannschaft oder auch individuell für einzelne Spieler reagieren muss. Er schaut sich die Ergebnisse ganz genau an. Genauer als jemals zuvor.

Saisonvorbereitung: Kondition, Spritzigkeit, Grundschnelligkeit, Taktik – die Liste der Anforderungen ist lang, die Nachhaltigkeit der Arbeit entscheidend für den Erfolg über eine lange Saison. Die Spieler müssen stark sein, sich stark fühlen, Selbstvertrauen aufbauen, an ihre Fähigkeiten glauben. Körper und Geist, der Trainerstab arbeitet an allen Fronten. Der Glaube an die Macht des Trainingslagers ist ungebrochen. Jahr für Jahr aufs Neue. Ganz egal, wie die Saison davor gelaufen ist.

Bruno Labbadia hat mit seiner Mannschaft schwere Monate vor sich. Wenn er die Teilnahme an der Gruppenphase der Europa League berücksichtigt und dazu die Tatsache, dass ein wichtiger Teil seines Kaders aus ausländischen Nationalspielern besteht, haben die meisten seiner Stammkräfte zwischen August und dem 10. Dezember alle drei Tage ein Spiel – inklusive der zum Teil gewaltigen Strapazen durch Reisen ans Ende der Welt.

Er hat das Programm der Vorbereitung komplett darauf abgestimmt, vieles geändert – und seinen Jungs noch einmal Urlaub verordnet. Mitten in der Vorbereitung. Eine Woche. Mallorca oder sonst was. Na ja, einen Haken hatte die Sache. Eine lange Leine. Eine GPS-Uhr, um genau zu sein. Die musste jeder tragen und täglich zwei Stunden ein abgesprochenes Trainingsprogramm absolvieren, das anschließend kontrolliert wurde. Jetzt ist das Programm ungleich härter. Gleich nach dem Frühstück, so gegen neun Uhr, arbeiten die Spieler im Kraftraum. Gegen zehn Uhr machen sie sich langsam auf den Weg hinüber zum Trainingsplatz. Kondition bolzen, Spielzüge üben, das Übliche, zwei Stunden lang. Nach dem Mittagessen, Ruhe und Massage folgt der Quälerei Teil zwei, der nochmals zwei Stunden dauert. So vergehen die Tage, einer wie der andere. Im Sinne des Trainers bedeutet das: extensiv, regenerativ, intensiv. Zwischen den Übungseinheiten bedeutet das: Massage, Tischtennis, Backgammon und Fernsehen. Ablenkung ist unerwünscht, die Abwechslung nicht leicht zu bekommen.

„Herr Ulreich, dürfte ich ein Foto machen? Mit Ihnen und meiner Frau?"

„Ja, sicher."

Da ist die Abwechslung. Auf dem Weg zum Trainingsplatz. Die Golfsenioren mit dem Hang zum frühen Abschlag legen die Scheu ab. Sie haben die Gäste, die jeden Tag mit den Fußballschuhen in der Hand am Gelände entlangspazieren, genau beobachtet. Und wiedererkannt. Aus dem Fernsehen. Das ist der Torwart. Sven Ulreich hat für solche Unterbrechungen eine feste Regel, wie sie für jeden Spieler gilt: Wer höflich fragt, wird ebenso zuvorkommend behandelt. So steht es in „Unser Spielfeld", der Mannschaftsphilosophie, wenn man so will. Die haben alle zusammen mit Trainer und Manager erarbeitet.

Dazu gehört ein ausführlicher Strafenkatalog, der die Mannschaftskasse füllen soll und von Kassenwart Georg Niedermeier ohne jede Gnade geführt wird. Und es gibt den Verhaltenskodex, bei dem viel von gegenseitigem Respekt die Rede ist. Auch gegenüber Golfsenioren, Müttern mit Kinderwagen und Vätern, die ihren Söhnen den VfB mal aus der Nähe zeigen wollen, weil sie es hauptsächlich selbst interessiert. Der Trainingsplatz ist ein Ausflugsziel, eine örtliche Attraktion auf Zeit. Zwischen Kondition bolzen und Laufwege einstudieren bedeutet dies für die Spieler: Kinder auf den Arm nehmen, sich die Sorgen von Fußballmüttern anhören, auf den Bällen unterschreiben, Fotos machen, immer wieder Fotos machen.

Trotz des harten Trainings ist die Atmosphäre sehr entspannt. Gleich zu Beginn des Trainingslagers hatte ausgerechnet der Trainer für den ersten Lacher gesorgt. Es darf ja keiner was auf dem Trainingsplatz liegen lassen. Beim VfB trägt niemand dem anderen etwas hinterher. Und wenn doch, dann bittet Georg Niedermeier zur Kasse. Laut Katalog macht das 50 Euro. Jedenfalls kam Shinji Okazaki mit breitem Grinsen und einer Trophäe ins Hotel zurück: mit der Jacke des Trainers. Bruno Labbadia hat anstandslos bezahlt – und sich einiges anhören dürfen.

Ist doch besser, als der Mannschaft ständig die eigenen Sorgen zu zeigen. Findet der Trainer. Lachen und Spaß haben, anstatt zu jammern und zu zaudern. Das Jahr wird eh schwer genug unter diesen Voraussetzungen. Der Etat schrumpfte von 60 auf 40 Millionen Euro, die Verträge von Khalid Boulahrouz, Stefan Celozzi und Matthieu Delpierre wurden nicht verlängert, aus den Verkäufen von Gebhardt und Schieber wurden weit über sechs Millionen Euro Erlöse erzielt, die Manager Fredi Bobic aber nicht investieren durfte. Als teuerster Neuzugang kam der Schalker Verteidiger Tim Hoogland für eine Leihgebühr von 300.000 Euro. Nach langer Verletzungspause sollte seine Gesundheit jetzt stabil sein. Der Berliner Nachwuchsstürmer Tuncay Torun stieß ablösefrei zum VfB. Sonst wurde der Kader mit dem eigenen Nachwuchs bereichert. Raphael Holzhauser, Antonio Rüdiger (vom Deutschen Fußball-Bund mit der Fritz-Walter-Medaille als bester Nachwuchsspieler des Jahres 2012 geehrt), Kevin Stöger und André Weis sollen erste Profierfahrungen sammeln. Die größten Hoffnungen ruhen auf dem zuletzt an Nürnberg ausgeliehenen Daniel Didavi. Aber der Mittelfeldspieler verletzte sich kurz vor Ende der abgelaufenen Saison schwer am Knie und wird zumindest die gesamte Vorrunde über noch nicht zur Verfügung stehen.

Der Kader sei schmal, sagt der Trainer, aber stark. Zumal sich der letzte Wackelkandidat gerade heute entschieden hat. Pressechef Max Jung beruft eilig eine improvisierte Pressekonferenz für die angereisten Journalisten ein. Auf der Terrasse des Golfhotels erklärt Cacau, dass er seinen Vertrag um ein Jahr verlängert. Der Stürmer ist ein stolzer Mann, und er begründet seinen Schritt so, wie er es immer macht: mit einem klugen Satz. „Erst, wenn man etwas zu verlieren droht", diktiert er in die Blöcke, „realisiert man manchmal, was man daran hat."

In der Schaltzentrale auf dem Cannstatter Wasen, rund 130 Kilometer von Donaueschingen entfernt, wird ebenfalls dem Saisonstart entgegengefiebert. Aber nicht auf dem Trainingsplatz. Schließlich besteht ein Verein nicht nur aus Fußballern. Die Welt des VfB Stuttgart verläuft vielmehr in verschlungenen Pfaden. Wer es – reicht der Mut zum Betreten des Klubzentrums – am Empfang vorbei durch die Tür schafft (und dafür braucht es einen zwingenden Grund, wenn man nicht dazugehört), betritt die Peripherie eines Intimbereichs, der sich nur schwer erkunden lässt. Ein System für Insider. Treppen, Winkel und schmale Gänge können leicht in die Irre führen. Von außen ist das nicht zu erahnen. Aber innen – umso verwirrender. Die Treppe hinunter, ein paar Richtungswechsel in Kauf nehmend und die richtige Tür erwischend, findet sich der Läufer in einem schmalen Gang wieder, der ihn mit etwas Geduld und nicht ganz direkt zum Kabinentrakt führt. Dort endet der Spaziergang. Allerspätestens. Kein Zutritt, wer nicht für den Verein die Knochen hinhält.

Das Unternehmensgeflecht VfB Stuttgart

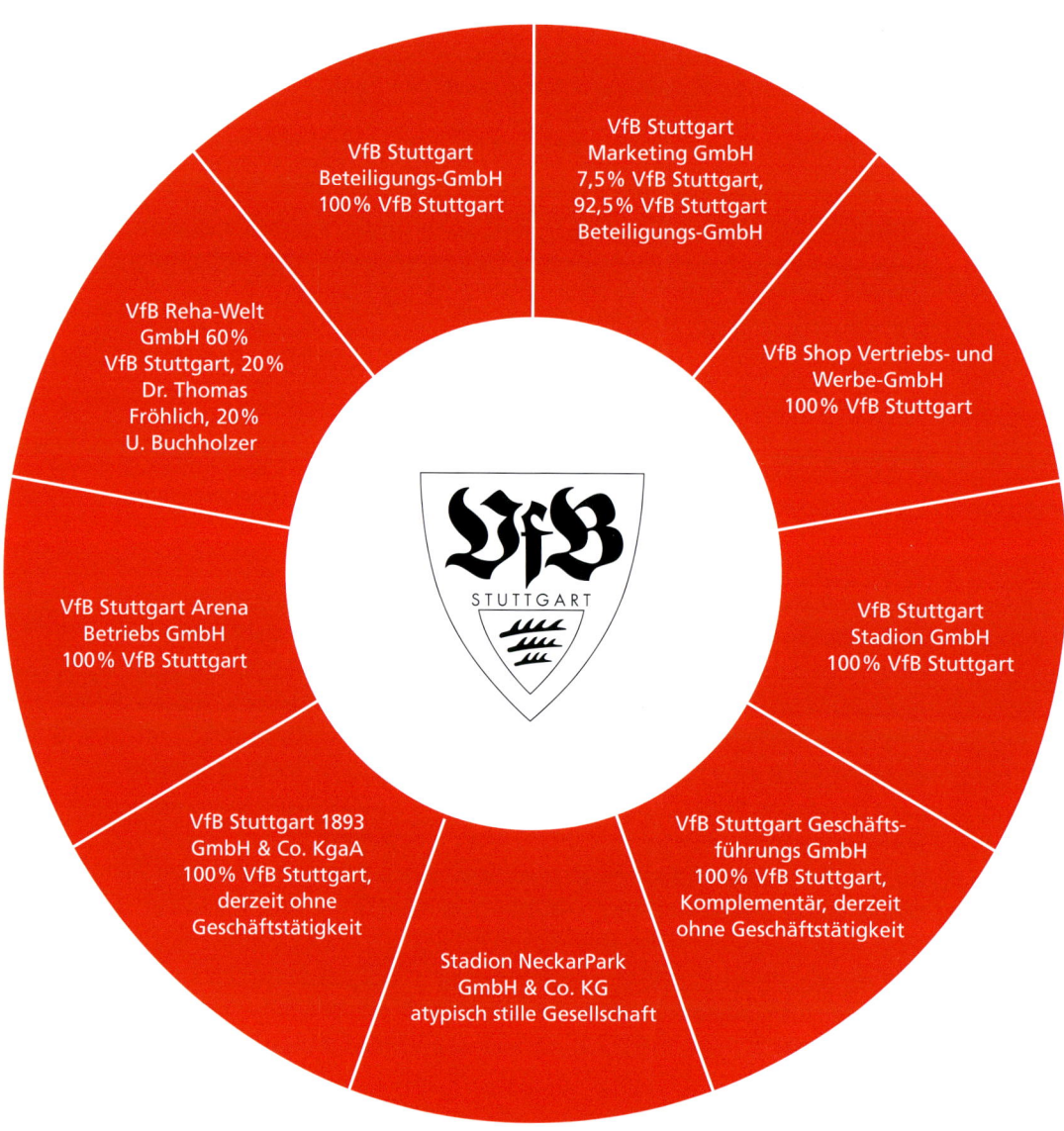

Der Weg nach oben aber endet dort, wo er in jedem Unternehmen sein logisches Ziel erreicht: erster Stock, Vorstandsetage. Höher geht es nicht mehr. Links um die Ecke wartet eine Tür, die ins Refugium des Trainers führt. Bruno Labbadia, sonst ganz nah bei der Mannschaft im Kabinentrakt untergebracht, verfügt hier optional noch über ein weiteres Zimmer, das ihn räumlich nah mit den Entscheidungsträgern verbindet. Der Trainer ist der einzige Angestellte des Vereins mit zwei Büros.

Vom Treppenabsatz aber nach rechts abgebogen, drückt ein schmaler Gang auf die Unbekümmertheit. So hat man eben in den 80er-Jahren gebaut. Links an der Wand hängen die Porträts der großen Vereinspräsidenten, allesamt stolze Männer. Ihre Blicke treffen den Besucher, der ganz automatisch innehält und zurückstarrt: auf Dr. Fritz Walter, der den VfB nach Kriegsende wieder ordnete, durch die Goldenen 50er-Jahre führte und zum Gründungsmitglied der Bundesliga machte. Auf Senator Hans Weitpert, der die Mannschaft in die 2. Liga dirigierte. Auf den schillernden Gerhard Mayer-Vorfelder, der den Verein aus der 2. Liga zerrte, ihn zum Profiklub formte und dafür mit zwei Meisterschaften, einem Pokalsieg und zwei Europapokal-Endspielen belohnt wurde. Auf Manfred Haas, der mit kühlem Sachverstand den sicheren Abstieg und die sicher geglaubte Insolvenz abwendete. Auf Erwin Staudt, der die Mitgliederzahl des VfB auf rund 45.000 hochschraubte und ihn damit zum größten Verein Baden-Württembergs machte, der den Umbau der Arena zum reinen Fußballstadion vorantrieb, eine Meisterschaft und viele packende Champions-League-Auftritte genießen konnte. Jeder verkörpert eine andere Zeit, die mal besser und mal schlechter verlief. Fußball eben.

Gleich im Anschluss führt die Tür ins Büro des Präsidenten. Gerd E. Mäuser muss mit den Fachkenntnissen, die er sich einst als Marketingchef bei Porsche erworben hat, Stimmung machen für den Sparkurs, der sich in diesen Zeiten nicht vermeiden lässt. Es gibt schönere Aufgaben. Aber auch das gehört zum Fußball, wenn man im exklusiven Oberhaus überleben will.

Genau gegenüber befindet sich das Reich von Ulrich Ruf, Vorstand Finanzen, Verwaltung. Niemand weiß mehr über die finanziellen Folgen von Entscheidungen, die ein Verein im großen Theater Profifußball nun mal treffen muss.

Und niemand weiß mehr über diesen VfB. Er hat den Verein mit aufgebaut. Seit der Entstehung dieses Klubzentrums, das auch nach über 30 Jahren noch zu den modernsten in der Liga zählt, entwickelte er Finanzierungspläne für jedes erdenkliche Bauvorhaben (und davon gab es viele). Er konstruierte das Unternehmen VfB Stuttgart mit seinen Tochter- und Beteiligungsgesellschaften. Er verkörpert die finanzielle Solidität des Klubs, er ist der König der Bilanzen, dessen Fachwissen über den Deutschen Fußball-Bund (DFB) und die Deutsche Fußball-Liga (DFL) hinaus bis hinein in den Europäischen Fußball-Verband UEFA Anerkennung genießt.

Am letzten Spieltag kann man eine große Summe verspielen, mit der man am Samstag, 15.30 Uhr, noch fest gerechnet hat.

Und er leidet. Der VfB ist sein Verein. Mit Leib und Seele. Wenn er auf seinem Logenplatz sitzt, drüben in der Mercedes-Benz Arena, dann leidet er. Mal leise, mal nicht so leise. Nach 90 harten Minuten ist jeder Fehlschuss noch lange nach Spielschluss tief in sein Gesicht gegraben. Sein Expertenwissen über die Verteilung der Fernsehgelder, im Schlaf abrufbar, führt zu einer verhängnisvollen Fähigkeit. Uli Ruf wird, ob er will oder nicht, jede vergebene Torchance in entgangene Euro umrechnen – noch bevor der Torhüter den Ball wieder abgeschlagen hat. Er leidet also doppelt und muss sich zu Hause bei Rockmusik aus den 70er-Jahren wieder abreagieren. „Ist doch egal, ob wir Achter oder Zwölfter werden." Diesen Satz wird Ulrich Ruf nie aussprechen. Jeder Tabellenplatz zählt, an jedem Spieltag von eins bis 34. Danach werden die Fernsehgelder verteilt. Über die vergangenen Spielzeiten, in denen die Mannschaft regelmäßig auf unerwartete Weise erst in der Rückrunde ihren Erfolgshunger unter Beweis stellte und die Tabelle von hinten niederwalzte, freute sich Ruf als VfBler sehr. Beim Vorstand Finanzen, Verwaltung dagegen hielt sich die Begeisterung in Grenzen. Die schlechte Vorrunde minderte regelmäßig den Anteil aus dem reich gefüllten Fernsehtopf.

Von der Spielzeit 2014 an ändert sich der Verteilungsmodus. Es zählt nur noch der Tabellenplatz nach Abpfiff des 34. Spieltags. Käme dem VfB nach den Erfahrungen der vergangenen Jahre eher entgegen, macht die Sache aber noch unberechenbarer. Natürlich weiß Uli Ruf längst: Vergeigst du den letzten Spieltag und fällst unglücklich um drei Plätze zurück (was bei dem engen Mittelfeld der Liga gut denkbar ist), verlierst du auf einen Schlag unter Umständen eine ziemich große Summe, mit der du am Samstagnachmittag um 15.30 Uhr noch fest gerechnet hast. Wie soll man da Fußball schauen, ohne zu leiden?

Fredi Bobic versucht die Emotionen eher zu kanalisieren, ganz im Stil des ehemaligen Torjägers. Wie einst im Strafraum gelingt es dem Manager meistens und manchmal auch nicht. Fachwissen und Ideenreichtum muss er einsetzen, um aus dem schmalen Geldbeutel, den ihm der Verein für seine Einkaufstour auf dem Transfermarkt zur Verfügung stellt, so viel Gutes wie möglich herauszuholen. Lang ist die Liste der Spieler aus der ganzen Welt, die stark und noch erschwinglich scheinen. Unentdeckte Juwele, die jedoch immer weniger werden, weil der Profifußball global eine gläserne Gesellschaft geworden ist. Internet, Fernsehen und Zeitungen streuen nicht nur Gerüchte, sondern treffen oftmals auch ins Schwarze, wenn es um Interessen und Annäherung zwischen Spielern und Vereinen geht. Deshalb muss man schnell sein, seine Augen und Ohren überall haben. Videos anschauen, mit den alten Bekannten sprechen, die wie Bobic noch im Fußballgeschäft tätig sind. Kontakte pflegen mit seriösen Spielervermittlern und die weniger seriösen erkennen und aussortieren. Rund 800 Kontakte hat der VfB Manager in seinem Smartphone gespeichert, nicht mal 15 Prozent davon dienen dem privaten Gebrauch für Familie und Freunde.

Der Manager hat sich im letzten Büro am Ende des Ganges eingerichtet. Auf dem großen Flachbildschirm an der Wand laufen den ganzen Tag bei leisem Ton die Sky-Sportnachrichten. Der Blick aus dem Fenster endet beim Mercedes-Benz Museum.

So hängt das Führungstrio des VfB zusammen, an einem schmalen Gang, der sich zum Ende hin noch einmal großzügig öffnet. Sitzungssaal – hier werden die Entscheidungen getroffen.

Für Jochen Röttgermann und Rainer Mutschler ist der Weg die Treppe hoch und durch den schmalen Gang in den Sitzungssaal Routine. Heute haben die beiden Geschäftsführer der VfB Stuttgart Marketing GmbH einige erfreuliche Zahlen und eine gute Idee für eine Zuschaueraktion dabei. Bis zum Saisonauftakt gegen Wolfsburg müssen noch ein paar Dinge geklärt und beschlossen werden. Der erweiterte Vorstand tagt, die Direktoren des Vereins sitzen mit am großen ovalen Tisch. Von hier oben lässt sich das ganze Trainingsgelände überblicken. Genau gegenüber befindet sich der offene Kamin, der seinen Sommerschlaf hält.

„Diesmal wird alles anders", sagt Rainer Mutschler und lacht. Optimismus ist die Seele des Geschäfts. An diesem Tisch sitzen ja Menschen, die Bescheid wissen. Sie kennen den Fußball mit allen Facetten. Von den Beschwerden am Fantelefon bis hin zu schwerwiegenden Fehlentscheidungen der Schiedsrichter. Sie wissen um die öffentliche Meinung und erspüren die Sichtweise der Sponsoren. Sie haben Erfahrung mit unerwarteten Glücksmomenten bis hin zu herben Enttäuschungen. Mit schmerzhaften Sparmaßnahmen und gelungenen Deals bis hin zu den Kämpfen über das Lizenzierungsverfahren mit dem DFB. Die ganze Palette. Von oben bis unten. Und sie wissen, dass vermutlich eine schwierige Saison bevorsteht, weil der Kader verkleinert und der Etat gekürzt werden musste.

Die meisten hier am Tisch vertreten Abteilungen von Mitarbeitern, die nicht das Geringste mit dem sportlichen Erfolg zu tun haben. Sie müssen andere Aufgaben lösen, die ein gut funktionierender Profiverein einfach erfüllen muss. Sie tun das mit aller Kraft und in dem Bewusstsein, dass sie nur auf Anerkennung hoffen dürfen, wenn der Tabellenplatz stimmt. Der Wert ihrer Arbeit, gefühlt und kommentiert von der Öffentlichkeit, hängt von Profifußballern ab, die sie mögen und denen sie viel verzeihen, ohne sie wirklich gut zu kennen.

Die Spieler wissen das. Es ist ihnen nicht egal. Jedes Jahr gibt es eine gemeinsame Weihnachtsfeier mit allen 200 Angestellten und der Mannschaft, was bei mittelständischen Betrieben nicht unbedingt üblich ist. Eine Art Dankeschön ist es für Serdar Tasci: „Auch wenn sie eigentlich in der täglichen

Arbeit nichts mit uns zu tun haben, so machen sie doch sehr vieles, um uns zu unterstützen." Und sie müssen mit dieser schicksalhaften Abhängigkeit von dieser einen, der sportlichen Abteilung zurechtkommen. Auf eine Art, wie sie in keiner anderen Branche üblich ist.

Man kann damit gut leben, weil es diese Hoffnung gibt, dass alles besser wird. Dass der Fußball seine gute Laune zeigt, dass er alle überrascht und zufriedenstellt. Diese Hoffnung sitzt irgendwo im Kopf, dient vor jeder Saison

Mit der Abhängigkeit von den Profis können die Angestellten gut leben. Weil es diese eine Hoffnung gibt, dass alles besser wird.

aufs Neue als Motivationsschub, um alle Anforderungen zu erfüllen, damit sich der Fußball austoben kann. Denn natürlich sind das zwei Paar Kickstiefel. Träume dürfen in den Himmel wachsen. Aber die tägliche Arbeit findet an sehr irdischen Schreibtischen und Telefonen statt und kanalisiert sich hier und heute im ersten Stock, großer Saal, Vorstandssitzung.

Der Präsident kommt direkt vom Fangipfel mit dem Bundesinnenminister und bringt gute Nachrichten mit. Die Schließung der Stehplätze ist vom Tisch. Der Fanbeauftragte soll sich mit den Fanvertretern in Verbindung setzen.

Der Verein unterstützt die Behindertenfan-Arbeitsgemeinschaft mit gut 20.000 Euro. So wenig Geld kann der VfB gar nicht haben, dass das nicht mehr möglich ist.

Zum Auftaktheimspiel, trägt Rainer Mutschler vor, sollen alle Zuschauer dazu aufgerufen werden, das weiße Trikot anzuziehen. Die Presse wird drei Wochen vorher entsprechend informiert. Außerdem werden die Kapitäne beider Mannschaften vor dem Anpfiff eine Erklärung verlesen. Im Kampf gegen Fanausschreitungen müssen die Spieler jetzt Flagge zeigen. Mutschlers Ankündigungen zeichnen sich immer durch eine sportliche Dynamik aus. Positiver Druck. Er war mal Trainer der deutschen alpinen Skifahrerinnen, ziemlich erfolgreich. Harter Händedruck, dynamischer Schritt, klarer Blick, kernig. Fährt im Winter eher neben der Piste Ski. Im Sommer Motorrad. Ein echter Oberschwabe.

Kollege Jochen Röttgermann ist der ideale Partner. Er verantwortete 2006 noch bei „in.Stuttgart" die WM-Vermarktung für die Landeshauptstadt. Er fühlt sich als Außenminister der VfB Stuttgart Marketing GmbH, betreut die Sponsoren und damit auch die 46 Logen auf der Haupttribüne und die 20 in der Untertürkheimer Kurve. Inklusive Tageslogen, kann er vermelden, ist die Arena praktisch voll.

Der Preis für die Stadionwurst muss von drei Euro auf 3,20 Euro erhöht werden. Der Bierpreis wird diskutiert. Es gibt ein großes Gastronomieangebot rund um die Arena, weshalb die Besucher relativ spät ins Stadion gehen. Der Absatz stockt.

Neulich hing ein Fan zehn Minuten und 29 Sekunden in der Warteschleife des VfB-Callcenters. Da muss was passieren.

Aktuell liegt der Dauerkartenverkauf bei knapp über 29.000 Tickets. Wenn wir die 30.000 noch knacken, wirft der Präsident ein, wäre das ein neuer Rekord.

30.000 Dauerkarten. Wie sich das alles entwickelt hat. Gab es überhaupt schon Dauerkarten, damals, als er angefangen hat? 1980 erschreckte den Bankkaufmann Ulrich Ruf die Vorstellung, sich künftig mit Girokonten rumärgern zu müssen. Er ging zum VfB. Damals drehten in der Stadt alle durch. Jürgen Sundermann und seine Mannschaft hatten einen Zuschauerboom ausgelöst, den bis dahin in Deutschland so niemand kannte. Online-Kartenvorverkauf? Es spielte sich ab wie auf dem Rasen: Mann gegen Mann. In der Martin-Luther-Straße in Cannstatt, Parterre, hatte sich der Verein in einer

Vier-Zimmer-Wohnung seine Geschäftsstelle eingerichtet. Die Leute standen bis raus auf die Straße. Die Karten sahen so aus wie die, die man heute auf der Kirmes gegen eine zuvor bezahlte Rote Wurst eintauscht. Wer sein Billett ergattert hatte, musste hinten durchs Fenster aussteigen. Es gab kein Zurück. Zu viele Leute. Eine tolle Zeit, als sie im Treppenhaus das Geld einsammelten, mit dem sie später das Klubzentrum bauten.

Jetzt sitzen sie im großen Saal, erster Stock, und hoffen, die 30.000 Dauerkarten zu knacken. Und Ulrich Ruf und sein Team bearbeiten die Bilanzen, um sie der UEFA mundgerecht servieren zu können. Nur wer das Financial Fairplay erfüllt, wird künftig im Europapokal auf Torjagd gehen dürfen. Die Kasse stimmt schon mal beim VfB. Und was den Fußball betrifft: Sie hoffen das Beste. In stillem Einvernehmen.

Im faradayschen Käfig

Die Sprintqualitäten mögen nachgelassen haben, die positive Dynamik aber ist ihm geblieben. Wenn Peter Reichert am Morgen Richtung Büro stürmt, lässt er einen Teil der Vereinsgeschichte links liegen wie einst die gegnerischen Abwehrspieler. Auf dem Weg ins Klubzentrum passiert der Fanbeauftragte das VfB Nachwuchszentrum, in dessen großen Fenstern die Spielertypen abgebildet sind, die seit Jahrzehnten die Philosophie des Vereins verkörpern. Hansi Müller dribbelt da auf dem Poster, der jugendliche Held aus Feuerbach, Ende der 70er-Jahre im Grunde der erste Popstar des deutschen Fußballs. 1980 bester Nachwuchsspieler Europas, Nationalspieler, Europameister 1980, Vizeweltmeister 1982 – dann Inter Mailand, Como und zweimaliger Österreichischer Meister mit den FC Swarovski Tirol.

Karlheinz Förster ist da am Ball, der als A-Jugendlicher auf dem Wasen begann, mit Müller zu Jürgen Sundermanns Wunderteam gehörte, zur Stammkraft der Nationalmannschaft aufstieg, den VfB 1984 zur Deutschen Meisterschaft führte – und schließlich mit Olympique Marseille in Frankreich alles gewann.

Alexander Hleb, König der Dribbler, der aus den Tiefen Weißrusslands den Weg ins VfB Jugendzentrum fand. Hleb gehörte zur Mannschaft, die bis heute den noch immer spektakulärsten Erfolg einer Amateurmannschaft über einen Bundesligisten im DFB-Pokal feierte. Im Jahr 2000 schlug „der kleine VfB" die Frankfurter Eintracht mit 6:1. Felix Magath, der bei seinem Amtsantritt in Stuttgart 2001 keinen Euro auf dem Transfermarkt ausgeben durfte, rekrutierte aus den Pokalhelden schließlich die Spieler für seine Bundesliga-Mannschaft, die deutschlandweit erstmals den Titel „die Jungen Wilden" verliehen bekamen. Neben Hleb gehörten Kevin Kuranyi dazu, Andreas Hinkel und Timo Hildebrand. Alle unter den Hauptdarstellern, die 2004 in der Champions League den unvergessenen 2:1-Triumph über Manchester United feiern konnten. Zusammen mit der Generation des „Magischen Dreiecks" (Ende der 90er-Jahre unter Trainer Joachim Löw mit Fredi Bobic, Krassimir Balakov und Giovane Elber) spielten Magaths „Junge Wilde" den wohl attraktivsten Fußball in der VfB Geschichte seit Bestehen der Bundesliga. Und Hleb war das unberechenbare, manchmal schlampige Genie. Auf die Frage, ob er sich Europapokal-Spiele von Bayern München im Fernsehen ansehe, antwortete Hleb damals: „Unter Real Madrid interessiert es mich nicht. Ich will ja noch was lernen." Fast logisch, dass er beim FC Barcelona und Arsenal London landete.

Und natürlich spurtet auch Sami Khedira über die Glasfront des Nachwuchszentrums. Gemeinsam mit Serdar Tasci gehört er zu den Eigengewächsen moderner Prägung. Gute Schulbildung, ausgezeichnete deutsche Sprache (bei Khedira mit unverkennbarem schwäbischem Akzent), erfolgreiche junge Menschen mit Migrationshintergrund, die sich im Auftrag des DFB für die Integration ausländischer Jugendlicher einsetzen und ihnen als Vorbilder dienen. Der schwäbische Tunesier, der mit dem VfB einige Deutsche Jugendmeisterschaften gewann, wurde bei den Profis schnell der ruhende Pol und ordnete das defensive Mittelfeld, gehörte zur Meistermannschaft 2007 und entwickelte sich zum Nationalspieler. Ein Junge, der immer wusste, was er wollte – irgendwann wollte ihn Real Madrid. Mit den Königlichen feierte er 2012 die Spanische Meisterschaft.

Große Namen, die die Qualität des Ausbildungsbetriebs VfB Stuttgart belegen und an denen man als Angestellter im Alltagsstress dennoch achtlos vorbeieilt. Im Empfangsbereich des Klubzentrums kann sich freilich auch Peter Reichert der erfolgreichen Historie nicht mehr entziehen, an der er einst tatkräftig mitgewirkt hat. Pokale, Bilder und Fotos aller Meisterschaften ziehen sich entlang des roten Brustrings an der Wand durch den ganzen Raum. Zeugnisse großer emotionaler Momente mit Finalcharakter, Wimpernschlag-Entscheidungen, so wie beim Titelgewinn 1992, als Guido Buchwald sechs Minuten vor Saisonschluss den VfB mit seinem Treffer zum 2:1 in Leverkusen von Platz drei auf Platz eins beförderte. Oder die Meisterschaft von 2007, als Sami Khedira am letzten Spieltag mit seinem 2:1 gegen Cottbus alles klarmachte. Und natürlich 1984, als Hermann Ohlicher am zweitletzten Spieltag mit dem 2:1 in Bremen den Titel sicherte. 2:1 scheint das Schicksalsergebnis des VfB zu sein – und das von Peter Reichert. 1984 war er ja selbst mit dabei. Mittelstürmer. Ein tolles Jahr, vielleicht das schönste in seiner Karriere. Solche Erinnerungen tun gut in diesen Tagen. Jetzt als Fanbeauftragter hat er mit anderen Emotionen zu kämpfen. Die Treuesten der Treuen sind mal wieder sauer.

Die Treuesten der Treuen sind sauer. Der Fanbeauftragte Peter Reichert gehört zu den Angestellten, die das zu spüren bekommen.

Die langjährigen Chefs der VfB Jugendabteilung, Frieder Schrof und Thomas Albeck, haben gekündigt und folgen Ralf Rangnick zu RB Leipzig. Das bringt die Jugendarbeit des Vereins in die öffentliche Diskussion. Die wird schon deshalb relativ hart geführt – Ursache und Wirkung –, weil die Profis traditionell zum Saisonstart nur schwer auf Touren kommen. Zwei Punkte aus fünf Spielen lösen allerorten Alarm aus. Und Peter Reichert gehört zu den Angestellten, die die öffentliche Unzufriedenheit hautnah zu spüren bekommen.

Als er seinen Job 2004 antrat, bedeutete das für ihn nach Jahren der Abstinenz nicht nur die Rückkehr zu seinem VfB, sondern die Rückkehr zum Fußball überhaupt. Außer schweißtreibenden Auftritten in der VfB Traditionsmannschaft hatte er wenig mit dem Verein zu tun und mit dem Geschäft schon gar nichts. Hauptberuflich war er an seine Tennis- und Badmintonanlage in seiner Heimatgemeinde Oberderdingen gebunden. Die Aufgabe als Fanbeauftragter reizte ihn, ohne genau zu wissen, auf was er sich da einließ. Er kannte die Fankultur im Grunde nicht, die zu seiner aktiven Zeit noch in den Kinderschuhen steckte. Und die meisten Fans, die ihm nun gegenüberstanden, kannten ihn nicht. Das störte Peter Reichert nicht sonderlich. Er war schon damals der nette Kerl von nebenan, unkompliziert und offen. Aber als er sich bei den Spielen immer wieder unter die Fans in der Cannstatter Kurve mischte, die Masse Mensch in weiß-roter Eintracht, da wurde ihm zum ersten Mal richtig bewusst, wie emotional das Spiel inzwischen geworden war. Er reagiert ja anders, schaut als Exprofi eher analytisch auf das Geschehen und weiß aus eigener Erfahrung, wie scheinbar unerklärliche Fehler ganz leicht passieren können. Die Fans aber bauen Frust auf, wenn es nicht läuft – und lassen ihn an ihm aus. Zuerst hat er das nicht verstanden, er spielte ja gar nicht mit. Aber dann wurde ihm klar, dass er den Verein repräsentiert. Und in der Stunde der Niederlage ist er der Einzige, der in der Nähe und ansprechbar ist.

Jetzt stellt er sich mit breiter Brust, versucht zu erklären und zu vermitteln. Am Zustand ändert das natürlich nichts. Fünf Spiele, zwei Punkte. An dem Problem müssen Manager und Trainer arbeiten, das Problem lösen kann nur die Mannschaft. Wie in den letzten Jahren auch.

„So geht das doch nicht, Leute."

„Wir müssen was machen."

„Kann so nicht weitergehen."

„Zwei Punkte. Das ist ja schlimmer als in den vergangenen Jahren. Wollten wir ja genau nicht."

„Zwei Punkte. Absteigen? Da darf man nicht mal dran denken. Das klebt doch bis zum Karriereende an jeder Autogrammkarte. Nein. Wir sind doch viel zu stark. Eigentlich."

0:3 gegen Hoffenheim und zwei Punkte. „Bankrotterklärung" steht in der Zeitung. Klar, die hauen jetzt rein. Bisschen übertrieben, aber kann man auch verstehen. Wir haben doch selber etwas ganz anderes erwartet.

Aber: Ruhe bewahren jetzt. Die Hysterie da draußen bringt uns gar nichts. Da halten wir uns raus. Sagen am besten nichts. Nach draußen. Aber hier, unter uns, Klartext. Ist doch in den letzten Jahren immer unsere Stärke gewesen. Keine Ausreden, Schuld erst mal bei uns selbst suchen. Also, suchen wir sie.

Der Mannschaftsrat tagt. Serdar Tasci hat als Kapitän die Vertrauensleute des Kaders zusammengerufen. Georg Niedermeier, Christian Gentner und Martin Harnik sind wie jedes Jahr um Weihnachten in geheimer, schriftlicher Wahl von den Kollegen dazu auserkoren worden, gemeinsam mit dem Kapitän die Interessen der Mannschaft zu vertreten. Die Wahl wird in Spielerkreisen durchaus ernst genommen. Es kommt zwar nicht zu Kampfabstimmungen, aber knappe Ergebnisse sind eher die Regel. Bevorzugt werden erfahrene Spieler, sofern sie bereit sind, die Aufgabe zu übernehmen. Ersatztorhüter Marc Ziegler, mit 37 Jahren der Älteste im Kader, hatte zum Leidwesen der Mannschaft auf das verantwortungsvolle Amt verzichtet. Er wollte den Jüngeren den Vortritt lassen.

Jetzt ist die Verantwortung mal wieder außerhalb des grünen Rasens gefragt. Krisensitzung ist ein böses Wort, vor allem, wenn es in der Zeitung steht. Darauf angesprochen, wird das jeder Spieler verneinen. Wie blöd muss man denn sein, sich die Krise auch noch selbst einzureden? Öffentlich. Dass es schlecht läuft, wissen eh alle. Und dass es anders werden muss. Die Mannschaft zieht sich lieber zurück, in eine Art faradayschen Käfig, der den öffentlichen Strom der Entrüstung abwehren soll, der von außen ins Innerste eindringen will, um die aufkommende Verunsicherung noch zu verstärken. Nein, nein. Abschotten, kühlen Kopf bewahren. Dann, im Kreis der Mannschaft, lässt sich alle Zurückhaltung ablegen – sofern die Regeln des gegenseitigen Respekts gewahrt werden.

Also keine Krisensitzung, Aussprache ist besser. Eigentlich auch wurscht, wie es heißt. „Wir müssen miteinander reden, alle", findet der Kapitän. Die

„Wir machten uns eine Stunde lang
bewusst, dass die Situation
richtig brenzlig ist. Das hat uns die Augen
geöffnet. Wir mussten unbedingt
aus dem gefährlichen Trott rauskommen."

Martin Harnik über die Krisensitzung
vor dem Sieg in Nürnberg

anderen im Mannschaftsrat sehen das genauso. Solche Aussprachen werden intern fast wie eine offizielle Veranstaltung behandelt, aber ohne großes Theater. „Trainer, wir machen eine Sitzung. Ohne Sie." Bruno Labbadia hatte so etwas schon erwartet, im Grunde erhofft. Aussprachen kann er nicht diktieren. Das muss die Mannschaft schon selbst wollen. Und erkennen, dass es an der Zeit ist. Fredi Bobic hat auch nichts dagegen, die gute Harmonie im Kader damit zu durchbrechen, sich die Meinung zu sagen. Kann ja eine reinigende Wirkung haben.

Also ist Serdar Tasci, der Kapitän, gefordert. Er muss aktiv werden und als Moderator fungieren. Das wird ja nicht seine erste Krisensitzung. Im vergangenen Jahr saßen auch alle zusammen. Damals hatten sie sechs Spiele am Stück verloren. Praktisch jede Ecke und jeder Freistoß führten zum Gegentor. War furchtbar, gab einen Riesenaufstand, auch in der Presse. Sie zogen sich in den faradayschen Käfig zurück, den inneren Zirkel. Da hin, wo alle anderen draußen bleiben. „Okay", hatte Tasci gesagt, „lasst uns nur über die Standards reden." Sie kamen auf die Idee, von Raum- auf Manndeckung umzustellen, um wieder Sicherheit zu bekommen. Der Mannschaftsrat schlug es dem Trainer vor. Labbadia hört zu, wenn seine Führungsspieler mit Vorschlägen kommen. Er war einverstanden. Sie hatten vier Tage bis zum nächsten Spiel, um das zu trainieren. Danach wurde es besser. Was allein der Glaube im Fußball ausmacht, da kann sich selbst ein gestandener Profi wie Tasci immer noch wundern.

Und heute? Die Kollegen neigen ja zur Selbstkritik, feiner Zug. Aber heute werden sie sich die Meinung sagen. Offen. Probleme ansprechen. Dem Kollegen sagen, was er falsch macht auf dem Platz – und, wenn es sein muss, auch neben dem Platz. Ist kein Problem, dringt ja nichts nach draußen, raus aus dem faradayschen Käfig. Bleibt alles in der Mannschaft. „Jungs", mahnt Tasci zu Beginn die Kollegen, „denkt daran, am Ende der Sitzung, wenn wir hier rausgehen, muss jeder noch jedem in die Augen schauen können."

Krisensitzung? Die Journalisten wollen es genau wissen.

„War keine Krisensitzung, wir haben nur miteinander gesprochen", gibt Tasci zu Protokoll.

Ja, was war denn da los?

„Wir haben uns neu besonnen", sagt Martin Harnik, neben Ibisevic Torschütze beim 2:0-Sieg in Nürnberg. Die Arbeit im faradayschen Käfig hat sich bezahlt gemacht.

44

Kapitel 2

Alles unter Kontrolle

„Die Trainer in der Bundesliga sind nicht die Mülleimer von allen Menschen hier."

Bruno Labbadia nach dem 2:2 gegen Leverkusen

Voll auf Angriff

Es ist ein ganz normales Bundesliga-Spiel, ein ordentliches noch dazu. 2:2 gegen Leverkusen. Plötzlich kochen die Emotionen hoch. Raphael Holzhauser, der Österreicher unter dem hoffnungsvollen VfB Nachwuchs, hat seinen großen Tag. Aber schon zur Halbzeit warnt er seinen Trainer: „Lang geht's nicht mehr." Mitte der zweiten Halbzeit will er raus, der VfB wechselt. Die Zuschauer reagieren verärgert auf die scheinbar falsche Personalentscheidung. Die Wut richtet sich gegen den Falschen. Die Pfiffe von den Rängen treffen Trainer Bruno Labbadia bis ins Mark.

Das kann man hinterher ja erklären. „Bruno, macht nichts, wenn du bei der Pressekonferenz vergisst, was zu Raphaels Auswechslung zu sagen, ich frag dich dann danach", bietet Max Jung die übliche Unterstützung an. Der Pressechef des VfB bringt es auf dem Podium zur Sprache. Bruno Labbadia bringt es auf den Punkt. Seinen Punkt. Holt aus, will etwas „in eigener Sache" loswerden. Die Funken sprühen. Das Feuer brennt.

„Ich kann gewisse Dinge nicht akzeptieren, wenn der Trainer wie der letzte Depp dargestellt wird, als hätte er gar keine Ahnung."

„Mich wundert die Reaktion nicht, weil die Zuschauer dazu aufgewiegelt wurden in den letzten Wochen."

Sportschau, Sportstudio, Sky, Nachrichten – es wird überall laufen, rechnet Max Jung hoch.

„Es wundert mich nicht, dass es hier alle paar Monate einen neuen Trainer gibt, wenn man sich so verhält, wie es hier der Fall ist."

„Ich kann die Leute hier nicht verstehen, aber vor allem auch die schreibende Zunft. Das Fass ist absolut voll. Einige haben sich Unwahrheiten erlaubt, die absolut unter der Gürtellinie waren."

YouTube, natürlich. Auf YouTube wird es ein Renner werden. Zwei Minuten und 15 Sekunden ein Trainer unter Strom. Er kann Bruno Labbadia verstehen. Aber für ihn, den Pressechef, wird die kommende Woche jetzt anders verlaufen als geplant.

Nein, das wird nicht klappen. Heute schon gar nicht. Herr Labbadia hat alles gesagt. Er möchte nichts mehr hinzufügen. Max Jung hätte ein Band besprechen können. Aber so funktioniert der Job ja nicht. Kommunikation ist ein schwieriges Geschäft. Es hat mit reden zu tun. Manchmal auch mit beschwichtigen, erklären, informieren, Verständnis zeigen, Dinge möglich machen, Dinge verhindern.

Nein, Herr Labbadia möchte kein weiteres TV-Interview zu dem Thema geben. Es ist alles gesagt.

Er kann die Journalistenkollegen da draußen ja verstehen. Aber er ist drinnen. Und drinnen gelten andere Regeln. Gut, Labbadia war der Quotenkönig des Wochenendes. Wenn einem Trainer der Kragen platzt, öffentlich, dann wird das rauf- und runtergenudelt. Auf allen Kanälen. Es wird Interesse geweckt, ein Thema gemacht. Das ist ja auch irgendwie der Sinn der Sache. Information und Emotion, eine gefährliche Mischung, die klare Wirkungstreffer verursachen kann. Vor allem, wenn es sich um eine öffentliche Bedürfnisanstalt wie Fußball handelt. Davon leben die Vereine. Und sie müssen damit leben.

Trainer wissen das. Sie setzen ihre Strahlkraft bewusst ein, spielen Theater. Manchmal sind sie einfach spontan. Und manchmal sind sie so sauer, dass es ihnen in dem Moment egal ist.

Bruno Labbadia war richtig sauer. „Am Arsch geleckt" – das lässt sich doch kein Sender entgehen.

Aber irgendwann ist auch wieder Schluss. Als Pressechef versucht Max Jung, den Alltag in den Vordergrund zu schieben. Es gibt genug zu tun. Denn hier in der Kommunikationszentrale laufen die Drähte zusammen. Interviewanfragen gibt es zuhauf und zu allen möglichen Themen. Der Ansprechpartner für die Stadionaktion „Dein Becherpfand für Tannheim" möge ein paar Details verraten. Wer kann eine komplexere Frage zur Historie des Vereins beantworten? Der Lokalredakteur bittet um Auskunft über künftige Bauvorhaben zur Verbesserung der vereinsinternen Infrastruktur. Und was isst Herr Ibisevic eigentlich zum Frühstück? Ja, natürlich, die meisten fordern Spieler und Trainer an. Und Steffen Lindenmaier versucht, es allen recht zu machen. Der Stellvertreter von Max Jung koordiniert und organisiert die Anfragen, berücksichtigt dabei Dringlichkeit und Wichtigkeit der Anfrage – und auch der Zeitung oder des TV-Senders. Er versucht, Termine zu bündeln und manchmal auch Frager zu vertrösten. Denn als Bindeglied zwischen den Vertretern der verschiedenen Medien sowie Trainer, Manager und Mannschaft gilt für ihn die oberste Maxime: Die Leistungsfähigkeit der Spieler darf nicht beeinflusst werden. So einfach geht das nicht, schon gar nicht in Zeiten der vielen englischen Wochen, in denen, abgesehen von den regulären Pressekonferenzen, eigentlich keine zusätzlichen Interviews gewährt werden. Das Geschäft mit der Öffentlichkeit sollte ja in gegenseitigem Einvernehmen ablaufen. Der Verein hat nichts davon, Journalisten, die auch nur ihre Arbeit machen, unnötig zu verärgern. Das VfB Prinzip, die Dinge zentral zu steuern, kann nur funktionieren, wenn alle zufrieden sind. Für Steffen Lindenmaier bedeutet das: Es müssen so viele Interviews wie möglich gewährt werden – ohne dass es die Betroffenen stört. Und irgendwie will der Verein ja auch alles, was da draußen geschrieben, gezeigt, gesendet und getwittert wird, im Auge behalten (kontrollieren kann das sowieso niemand) und Ungemach vom Verein fernhalten.

Einer wie Serdar Tasci findet es ganz okay, wie das läuft im Verein. Kommt die Pressestelle mit einer Anfrage auf ihn zu, erledigt er das. Über sein Verhältnis zur Presse macht er sich jetzt so viele Gedanken auch nicht. „Mal besser, mal schlechter." Ganz normal eben. Sie loben einen, manchmal hauen sie drauf. Fußball ist so. Er wird auch direkt von Journalisten angerufen, wobei er sich manchmal fragt, woher die seine Nummer haben. Also von ihm nicht. Er beantwortet trotzdem alle Fragen, ohne zu vergessen zu erwähnen: „Du weißt schon, dass du das mit Max abstimmen musst." Es funktioniert. Aber wenn er hört, dass Anfang der 90-Jahre bei Trainer Arie Haan Spieler und Journalisten im Trainingslager in Costa Rica die Mittagspause gemeinsam am Hotelpool verbracht haben – nein, das kann er sich nicht vorstellen.

Die Spieler von heute beneiden? Wirklich nicht. Wenn Fredi Bobic vergleicht, wie sich die Jungs heute benehmen in der Öffentlichkeit und was sie selbst damals veranstaltet haben, kommt er nur zu einem Schluss: „Wir haben viel Mist gemacht." Das „Magische Dreieck", also Krassimir Balakov, Giovane Elber und er, sie waren doch die Ersten Ende der 90er-Jahre, die bunte Fußballschuhe angezogen haben. Da wusste ja noch nicht mal einer, ob der Schiedsrichter einschreiten würde. Einem wie Elber war das eh wurscht. In einem Heimspiel gegen 1860 München bekam er von Schiedsrichter Florian Fleske die Gelbe Karte. Elber hatte geflucht und war nicht mehr zu beruhigen. Der Schiedsrichter warnte ihn sogar noch, legte den Finger auf die Lippen: „Sei ruhig!" Und was macht Giovane? Geht zur Pause in die Kabine, klebt sich den Mund mit einem Pflaster zu und geht so zurück aufs Spielfeld. Hat dann nicht lange gedauert, bis er wegen Foulspiels die zweite Gelbe sah – draußen war er.

Ein Blödsinn, ja, aber noch lange kein so kapitaler Aussetzer, wie ihn sich Krassimir Balakov 1998 leistete. Der Chef der damaligen Mannschaft sorgte auf dem Weg nach Stockholm zum Finale im Europapokal der Pokalsieger gegen den FC Chelsea für einen Presseskandal. In der Bordküche des Flugzeugs griff er einen Journalisten tätlich an. Dessen Artikel hatte ihm nicht gefallen.

Früher war vieles anders. Manchmal schlugen sie über die Stränge. Auch im Trainingslager ragten die Zäune nicht immer so hoch in den Himmel, dass man abends nicht hätte drüberklettern können. Geht heute ja nicht mehr. Egal, was die Spieler machen würden, irgendeiner mit Fotohandy wär schon da. Drei Minuten später steht es auf Facebook, fünf Minuten später wissen es alle.

Vor der Öffentlichkeit schützen, die Öffentlichkeit nutzen, auf dieser Bühne bewegen sich Spieler heute. Und ihre Entwicklung, glaubt der VfB Manager, beeinflusse das gewaltig. Viel professioneller sei die heutige Generation. Einerseits. Andererseits leide die Individualität des Einzelnen ein wenig. Und vielleicht – beobachtet und daher auch behütet wie nie zuvor – werden sie etwas später erwachsen. Spieler entwickeln in dieser Gemengelage über die Jahre hinweg eine Art Gleichgültigkeit als Selbstschutz. Die einen kommen damit besser zurecht als andere.

Komplexer wird es, wenn es wirklich ans Eingemachte geht, wenn der Präsident ins Kreuzfeuer gerät. Die letzten drei Frontmänner des VfB waren allesamt gestandene Männer aus der freien Wirtschaft. Ihre Referenzen: verantwortungsvolle Posten, erfolgeiche Arbeit in den unterschiedlichsten Branchen. Die Führung eines Fußballvereins, der wie ein Wirtschaftsunternehmen betrachtet werden muss, galt rein fachlich für keinen als unlösbare Herausforderung. Was aber alle verbindet, ist die Tatsache, dass sie sich mit der allgegenwärtigen Öffentlichkeit nur schwer anfreunden konnten. Sie waren das nicht gewohnt, mussten einsehen, dass ihre Popularität aus dem anderen Berufsleben eine sehr relative war und in ihren Kreisen eher diskret behandelt wurde. Aber Fußball ist öffentlich. Und persönlich. Im Krisenfall finden Präsidenten ihren Namen in den Gazetten in Verbindung mit unangenehmen Nachrichten. Und das jeden Tag, was fast körperliche Schmerzen verursacht. Ihre Frauen werden beim Einkaufen angesprochen, die Kinder bekommen in der Schule was zu hören. Im Erfolgsfall völlig ungewohnt, im Krisenfall unerträglich.

Fußballer kennen es gar nicht anders. Aber Präsidenten, die aus der freien Wirtschaft kommen, tun sich schwer. Denn es ist eine Sache, um die Öffentlichkeit des Fußballs zu wissen. Aber eine ganz andere, plötzlich tatsächlich davon betroffen zu sein.

Manfred Haas, der letzte ehrenamtliche Präsident des VfB Stuttgart in den schwierigen Zeiten der Kirch-TV-Krise, sah gar seine Reputation als seriöser Banker in Gefahr. Er rettete den VfB vor der Insolvenz, dirigierte ihn vom Abstiegsplatz in die Champions League – und trat nach etwas mehr als zwei Jahren wieder ab. Nachfolger Erwin Staudt, einst IBM-Chef Deutschlands, hatte bis zum Schluss wenig bis kein Verständnis für den öffentlichen Umgang mit seiner Person. Und auch Gerd E. Mäuser hat seine Probleme mit Öffentlichkeit und Presse.

Das macht eine wichtige Arbeit manchmal zur Qual, auch wenn die Reaktion zutiefst menschlich ist. Und nicht jeder ist ein Gerhard Mayer-Vorfelder. Der Präsident aller VfB Präsidenten ist bis heute der schillerndste und umstrittenste. Das mag an seiner Rekordamtszeit von 26 Jahren liegen, in der neben allen Erfolgen auch eine lange Liste von Fehlern zusammenkam. Dass er daneben Kultusminister und Finanzminister des Landes war, setzte in der Öffentlichkeit zusätzlich viele Emotionen frei. Oft keine guten. Jedenfalls besaß MV während seiner Präsidentschaft Nehmerqualitäten wie Muhammad Ali auf dem Höhepunkt seiner Karriere. Auch MV agierte ohne Deckung – und bekam in Zeiten ohne Handy, Internet, Privatfernsehen und Mediendirektoren richtig auf den Kopf.

„Könnte ich bitte den Herrn Minister sprechen?"

Herr Minister. In den 80ern wusste die Sekretärin im Vorzimmer des Neuen Schlosses in Stuttgart dann schon Bescheid. Wenn ein Journalist den „Herrn Minister" sprechen wollte, bedeutete das VfB und Ärger.

„Herr Mayer-Vorfelder ist leider nicht zu sprechen. Er ist für ein paar Tage im Allgäu."

Manchmal war er auch auf Dienstreise. Aber Allgäu oder Dienstreise war im Grunde nur ein Code. Entschlüsselt bedeutete er: Ich habe keinen Bock. Es standen harte Sachen in der Zeitung. Aber auch das war ein Code für: Melden wäre besser! Irgendwann rief die Sekretärin die Journalisten an: „Herr Mayer-Vorfelder bittet Sie, morgen um 14 Uhr ins Ministerium zu kommen.

Passt Ihnen das?" Natürlich passte das. Alle kamen, sämtliche VfB Berichterstatter quer durch den Blätterwald. War ja eine überschaubare Mannschaft damals. MV saß hinter seinem Schreibtisch, die Journalisten davor wie Ministerialdirigenten. Die Stimmung war völlig entspannt, denn was folgte, war eine Art Ritual.

„Ich habe mich saumäßig geärgert", hob MV an, „seid ihr jetzt völlig übergeschnappt?"

„Sie hätten sich ja mal melden können."

MV atmete tief durch, grinste und sagte: „Also, ich erzähl euch jetzt mal was." Und dann ging's los. Geschichten aus dem Nähkästchen. Dinge, „die das Schnaufen nicht vertragen", wie der damalige Geschäftsführer Ulrich Schäfer gern und mit bebender Stimme formulierte. Zwei Stunden später war alles gut. MV konnte das. Auf seine Kritiker zugehen, sich mit ihnen auseinandersetzen, sie um den Finger wickeln, so tun, als wäre er nicht beleidigt. Und vor allem konnte er Geschichten erzählen. Öffentlichkeit – da wurde MV erst richtig wach. Aber andererseits: In seine Amtszeit fielen zwei Deutsche Meisterschaften, ein Pokalsieg und zwei Europapokal-Endspiele. Das können für die Zeitspanne von 1975 bis 2000 nicht so viele Bundesligisten vorweisen. Und vor allem hat er als UEFA-Funktionär kräftig daran mitgewirkt, dass die WM 2006 in Deutschland stattfand. Und ohne MV hätte es die rauschenden WM-Partys in Stuttgart nie gegeben. Aber wird heute sein Name in der Arena offiziell erwähnt, pfeifen einige Leute immer noch. Ein klarer Beweis dafür, dass zwar wichtig ist, was man leistet, aber entscheidender, wie es in der Öffentlichkeit wahrgenommen wird. Das galt schon damals und gilt heute noch viel mehr.

Ängste, Sorgen, Hoffnungen, Chancen – all das verbindet ein Verein deshalb mit dem Umgang mit den öffentlichen Meinungsmachern, die geschäftig nach Helden und Versagern, nach Sensationen und nach seriösen Antworten suchen. Mal zum Nutzen, mal auf Kosten des Vereins.

Max Jung, Direktor Medien/Kommunikation, und die sieben Mitglieder seines Teams machen dafür die Öffentlichkeitsarbeit. Sie kontrollieren täglich die

Zeitungen, bewerten Artikel, halten Kontakt. Und sie drehen den Spieß um. All die Medien und Kanäle, mit denen sie täglich arbeiten und manchmal auch kämpfen, nutzen sie für sich und gehen voll auf Angriff. Die Abteilung produziert täglich neue Ideen und Inhalte, nach denen die Fans lechzen.

Eine Männerwirtschaft mit hoher Affinität zum gepflegten Doppelpass. Schon der Bürokomplex hinter dem Empfangsbereich des Klubzentrums sendet die entsprechenden Signale. An der Wand hängt ein Riesenposter von einer Choreografie in der Cannstatter Kurve. Es gibt Aufkleber („Nie mehr 2. Liga"). Es stapeln sich Zeitungen, rund um die Computer sind Unmengen von Post-its mit Telefonnummer platziert. Trikots werden als Trophäen inszeniert. Andreas Hinkel hat seines von Celtic Glasgow mitgebracht, Thomas Hitzlsperger spendierte ein Nationalmannschaftstrikot von 2006, auch Jens Lehmann hat sich mit seiner Arbeitskleidung unvergessen gemacht.

Fabian Schmidt ist einer von zwei Onlinern, zuständig für die VfB Homepage, die monatlich zwischen 600.000 und einer Million Mal aufgerufen wird. Damit das so bleibt, stellt er täglich mindestens einen neuen Artikel ins Netz. Vor jedem Spiel wird eine exklusive Vorschau geliefert und der Gegner vorgestellt, Matchfacts inklusive. Während des Spiels läuft der Liveticker, wenige Minuten nach dem Spiel präsentiert Schmidt den aktuellen Spielbericht, Stimmen, Statistiken und Fotos auf der Homepage. VfB rund um die Uhr – und daran arbeitet nicht nur Schmidt. Kollege Jochen Ritter ist der Social-Media-Experte, zuständig für „den Livecharakter" der ganzen Show. Und das kommt an. Über 300.000 „Likes" auf Facebook, gut 40.000 Follower auf Twitter, über 70.000 Freunde auf Google+, von den Videoproduktionen von vfbtv, die auf YouTube laufen, ganz zu schweigen. Immer nah dran sein, mit den Fans in Kontakt bleiben, das ist Ritters Aufgabe. Er twittert direkt aus Pressekonferenzen. Und natürlich muss er die Kommentare der Fans genau lesen. Der VfB hat Fairplay-Richtlinien aufgestellt. Wer die schriftlich verletzt, sieht Rot und fliegt raus.

Täglich mindestens ein neuer Beitrag, das ist auch für Holger Laser das vorgegebene Arbeitspensum. Er kümmert sich um vfbTV. Das bedeutet im Monat gut 30 Mal drehen, schneiden, ins Netz einpflegen. Während eines

Trainingslagers wird die Schlagzahl deutlich erhöht. Moderne Technik ist längst fester Bestandteil im traditionsreichen Fußballsport. Deshalb braucht das Team auch einen klassischen Libero, einen Holger Boyne. Er verwaltet die Etats der Medienabteilung und kümmert sich unter anderem darum, dass technisch alles läuft. Insgesamt kommt der VfB pro Monat auf fünf Millionen elektronische Kontakte. Das muss gesteuert werden, die verschiedenen Plattformen müssen laufen.

Auch wenn die neuen Medien den Fußball längst erobert haben, so wird die traditionelle Pressearbeit nicht vernachlässigt, ganz im Gegenteil. Jens Marschall kümmert sich um die Akkreditierungen der Journalisten. Daneben arbeitet er bei *Stadion aktuell* mit, der kostenlosen Stadionzeitung, die der VfB bei jedem Heimspiel verteilt. Er kümmert sich um Sonderprojekte und um die Pressearbeit der U23 und der Junioren.

Zimmerkollege Sebastian Bader, früher *Sport-Bild*, ist der, der sich die Finger wundschreibt. Eigene Druckerzeugnisse spielen eine größere Rolle denn je. *Stadion aktuell* erscheint bei jedem Heimspiel, was bei den vielen englischen Wochen in diesen Monaten einen gewaltigen Zeitdruck bedeutet. Mehrere Hefte müssen parallel produziert werden, soweit das möglich ist, ohne eine größtmögliche Aktualität zu gefährden. Aber manchmal muss ein Heft eben schon in Druck, bevor die vorherige Begegnung überhaupt gespielt ist.

Stadion aktuell erscheint in einer Auflage von bis zu 40.000 Exemplaren, weshalb nicht jeder Besucher eine bekommt. Es will auch nicht jeder Besucher eine. Und nicht jeder, der eine bekommt, liest sie auch. Es gibt Sammler, aber es gibt auch die Zuschauer, die Konfetti daraus machen oder die Zeitung als Sitzkissen benutzen.

Dunkelrot gilt als das hochwertigste Printerzeugnis aus der vereinseigenen Produktion. Das Vereinsmagazin erscheint vier Mal im Jahr in einer Auflage von rund 45.000 Exemplaren und wird den VfB Mitgliedern kostenlos zugeschickt. In erster Linie ein Unterhaltungsmagazin mit Geschichten von den Profis, die ins rechte Licht gerückt werden. Die exklusiven Termine mit den Spielern sind es, die Sebastian Bader immer wieder neu motivieren und für den Zeitdruck entschädigen. Die Profis vertrauen ihm, er schreibt ja positiv. Es geht dabei sowieso nicht um Fußball. Mit Antonio Rüdiger, dem bekennenden Hip-Hop-Fan, besuchte er neulich die New York jjCity Dance School. Es wurden viele Fotos gemacht, es gab eine ausführliche Geschichte in *Dunkelrot*, großzügig bebildert. Und als das Heft auf dem Markt war, fragte *Bild* nach den Fotos. „Der coolste Profi des VfB", titelte der Boulevard bei Tänzer Rüdiger. Ja, wenn so etwas passiert, was im Grunde erwünscht ist, dann hat sich der Aufwand doppelt gelohnt.

Ideen muss man eben haben. Um die zu finden, bittet Max Jung seine Mitarbeiter einmal in der Woche zu einer Sitzung. Themenfindung, Diskussionen darüber, was die Journalisten draußen interessieren könnte. Und dann läuft die Maschinerie wieder. Inhalt produzieren, kontrollieren, freigeben, veröffentlichen. Jeden Tag. Damit die Fans auf dem Laufenden sind, damit Journalisten Anregungen und Informationen erhalten, damit der VfB in der Öffentlichkeit als sympathischer Verein wahrgenommen wird. Es ist ein großer Apparat, der da im Hintergrund bewegt wird – von Menschen, die am Ball bleiben. Werktags und natürlich am Wochenende. Und immer neue Ideen haben.

„Max, was sagen wir denn heute Nachmittag in der Pressekonferenz zum nächsten Spiel?", fragt Fredi Bobic. Der Manager und Bruno Labbadia stehen in der Tür zum Büro des Mediendirektors.

„Habt ihr was Bestimmtes?"

„Eigentlich nicht", sagt Labbadia, „es ist ja immer dasselbe vor Auswärtsspielen. Aber immer dasselbe zu sagen ist ja langweilig auf Dauer."

„Kommt rein. Es wird uns schon was einfallen."

Ein frühes Tor ist immer gut

Der Schildkröte geht es wieder besser. Es hat eben auch Vorteile, wenn man seine Mitarbeiter aus allen denkbaren Berufsgruppen rekrutieren kann. Ralf Schindler, Geschäftsführer der Schindler Dienstleistungen & Sicherheit GmbH & Co. KG (SDS), geht die Liste durch: Angestellte des Regierungspräsidiums, Bauingenieure, Handwerksmeister, Testfahrer und Studenten stehen unter anderem auf seiner Lohnliste, um in Ausnahmesituationen die Ordnung aufrechtzuerhalten. Und eben die Tierärztin, die ihm den Spezialisten für seine Schildkröte vermittelte.

Bereits seit dem frühen Morgen sitzt Schindler in seinem Büro unterhalb der EnBW-Tribüne der Mercedes-Benz Arena und trifft mit der Routine des Experten für Veranstaltungs-, Objekt- und Personenschutz die letzten Vorbereitungen für den bevorstehenden Sonntag. Eines ist klar: 900 Veranstaltungen pro Jahr betreut er mit seinem Sicherheitspersonal, und die heutige wird zu den ruhigeren zählen. Der VfB Stuttgart, Anpfiff 17.30 Uhr, empfängt Hannover 96. In der Gefahrenskala der Bundesliga leuchtet die Partie in sattem Grün: unbedenklich. Da werden sie heute mit 600 Ordnern auskommen. Rutscht ein Spiel in die Kategorie Gelb (problematisch) oder gar Rot (höchstes Gefahrenpotenzial), kann die Zahl der Ordner auf 900 ansteigen. Aber heute: Erwartet werden 45.000 Besucher, darunter 9.000 Kinder und Jugendliche, die dank einer gemeinsamen Aktion des VfB und des Württembergischen Fußballverbandes in den Genuss verbilligter Tickets gekommen sind. Die Gäste müssen mit der Unterstützung von circa 500 mitgereisten Fans auskommen.

600 Männer und Frauen werden im Auftrag der SDS die Augen offen halten, Hilfestellung geben, Besonnenheit ausstrahlen, die Ruhe bewahren, wie

gewohnt mit der Polizei zusammenarbeiten und – wenn es sich mal nicht vermeiden lässt – resolut dazwischengehen. Denn die Maschinerie Bundesliga, die Spieltag für Spieltag angetrieben wird, steckt voller Überraschungen. Es geht um Geld und Umsatz, Alkohol und Gemeinschaftsgefühl, um die Vorfreude aufs Spiel und pure Emotion. Im benachbarten Cannstatt, traditionell das Epizentrum weiß-roter Gefühlsausbrüche, schalten die Zapfhähne der unzähligen Kneipen schon Stunden vor dem Anpfiff auf Durchzug. Auf dem Weg ins Stadion postieren sich Schalverkäufer und mobile Imbissgeschäfte, um ihren Anteil an der Magie des Spiels einzusacken. Das lokale Spiegelbild des Wirtschaftsfaktors Bundesliga. Und all die, die gekauft, getrunken, konsumiert, sich Mut gemacht, die Motivationsstrategie der Cannstatter Kurve besprochen und sich auf die unterschiedlichste Weise mental auf die Partie vorbereitet haben, ziehen irgendwann gemeinsam durch die Einlasstore ins Stadion. Jeder individuell stimuliert, jeder mit einer anderen Erwartungshaltung. Da heißt es wachsam sein.

Am frühen Vormittag bereits hatten die ersten Ordner die Parkplätze auf dem Wasen abgesperrt und Zufahrten und Außentore kontrolliert, um eine fließende Anfahrt zum Stadion zu gewährleisten. Das Gros des Sicherheitspersonals trifft sich jetzt, pünktlich 13.30 Uhr, an den Drehkreuzanlagen für die Gästefans, gleich neben der EnBW-Tribüne. Das ist der Teil des Stadions, der, als sich der Verein noch nicht mit Namedropping und Branding zusätzliche Geldquellen sicherte, den simplen Namen Gegengerade trug. Kontrolliert werden die Ordnungskräfte ähnlich scharf wie die Fans in der Cannstatter Kurve. Einlass gewährt eine Check-in-Karte, die der Identifikation dient und über die bei Dienstschluss und nach Rückgabe der Dienstkleidung der Lohn bar abgerechnet wird. Für die Stunde gibt es knapp neun Euro.

Militärisch durchorganisiert, versucht der Sicherheitsdienst Fläche und Menschenmasse zu kontrollieren. Auf die Hierarchie wird streng geachtet. Normale Ordner tragen rote Westen. Die Jungs mit den dicken Oberarmen und der gelben Weste gehören zum Sonderdienst, man weiß ja nie. Führungskräfte legen schwarze Westen an. Die Arena ist in 14 Abschnitte eingeteilt. Florian Böttcher trägt die Verantwortung für Abschnitt neun und damit für rund 90 Ordner, die er im Einsatzgebiet Cannstatter Kurve vor dem Zugang zu Block

37 versammelt hat. „Kapuzen müssen unter die Ordnerweste", beginnt er seine Anweisungen, „ich weiß, dass das bescheuert aussieht. Muss aber sein."

„Keine Alleingänge. Sollte es Auseinandersetzungen geben, haben wir die Aufgabe, alle, die damit nichts zu tun haben wollen, aus dem Block rauszubekommen."

„Zwei Stunden vor Anpfiff werden die Stadiontore geöffnet. Also: Jeder weiß, wo er hin muss und was zu tun ist."

Es gibt Muffins. Und selbst gebackenen Kuchen. Der Kaffee aus der Thermoskanne dampft in den VfB Tassen vor sich hin. Kurz nach 14 Uhr war die Einsatzbesprechung der Polizei zu Ende. In der Kanzel über der EnBW-Tribüne treffen die Beamten ihre ganz eigene Spielvorbereitung. Oben, vierte Etage, nur über Aufzug und eine Wendeltreppe zu erreichen, befindet sich der Bereich, von dem aus der Blick durch die Fensterfront über die gesamte Arena so ziemlich der beste ist und in dem Zuschauer nichts zu suchen haben. Sicherheitsdienst, DRK, Feuerwehr und Polizei agieren von hier aus, um für die Sicherheit der Zuschauer zu sorgen. Alle gemeinsam und doch jeder für sich.

„Heute haben wir ja eine Kinderveranstaltung", sagt der Einsatzleiter bei Prüfung der Fakten zum Spiel. Er dirigiert rund 200 Beamte, Hunde- und Pferdestaffel, Einsatzkommando und Bereitschaftspolizei, Zivilbeamte und die sogenannten szenekundigen Beamten, kurz SKB. Eine Beamtin und ein Beamter werden den Einsatz protokollieren und jeden Funkspruch schriftlich erfassen. Drei Laptops stehen auf dem Tisch, auf einem der Bildschirme ist der Einsatzablauf minutiös dokumentiert. Im Aktenordner befindet sich das Organigramm der Einsatzplanung mit allen Ansprechpartnern. Auf den zwei

Monitoren, die von der Decke hängen, lassen sich die Geschehnisse auf der Benz- und der Mercedesstraße genau verfolgen. Die Muffins sind gut. Der Einsatzleiter nimmt einen Schluck Kaffee und lässt den Blick noch einmal durch die Kanzel schweifen: Funksprechgeräte, Sprechanlagen, Drucker, Fax – es ist alles da. Könnte eigentlich schon losgehen. Ist eh nicht viel zu erwarten. Ja, und wenn die unten dann noch ein frühes Tor machen, dann gibt es heute eher Dienst nach Vorschrift.

„Bei euch alles klar?", fragt der Einsatzleiter durch die offene Tür und blickt in den Nebenraum. „Kino läuft", antwortet es aus der Leitzentrale, wo zwei Beamte sitzen – mit dem Rücken zum Spielfeld. Ihre Aufmerksamkeit gilt ganz den 36 Bildschirmen an der Wand, die alles zeigen, was 36 Überwachungskameras mit dem Objektiv einfangen. Und das ist so ziemlich genau jeder Quadratzentimeter in der Arena. Schwenken, zoomen, Standbilder, Zeitlupe, vor- und zurückspulen – mit einer Art Joystick können die Beamten jede Kamera einzeln steuern und sich die Dinge genauer ansehen, falls Gefahr droht. Ja, den beiden Beamten entgeht nichts. Wird einer auffällig, können sie seine Pickel im Gesicht zählen. Die Pickel in einem Gesicht unter 45.000 Gesichtern.

„Machen wir heute wieder Manndeckung?", fragt Ralph Klenk und lacht. „Wohlfühlfaktor Hessenkessel – Traumberuf Fanbeauftragter in der Cannstatter Kurve", sagt Christian Schmidt und schüttelt dem Kollegen die Hand. „Ihr zwei habt gut reden", frotzelt Peter Reichert, „ihr sucht euch doch immer die leichten Spiele raus." Als ob das einen Unterschied machen würde. Es sind noch zweieinhalb Stunden bis zum Anpfiff, und die drei Fanbeauftragten des VfB gehen noch einmal kurz ihre Taktik durch. Klenk und Schmidt werden den Nachmittag in der Cannstatter Kurve verbringen. Reine Routinesache, besonders für Ralph Klenk. Klenky gehört beim VfB zum Inventar. 2008 hat er sein 1.000. VfB Pflichtspiel gesehen und irgendwann aufgehört zu zählen.

Der Sportfachwirt gehört seit 1983 zu den „Stuttgarter Treuen '80", drei Jahre später übernahm er den Vorsitz des Fanclubs – und kann sich heute getrost als ein Mann der ersten Stunde der Stuttgarter Fankultur bezeichnen.

Denn als die Bundesliga noch in den Kinderschuhen steckte, gab es keine Fankultur. Es gab nur Zuschauer. Und die fühlten sich schon gestört, wenn einer mit einer Fahne vor ihre Nase herumfuchtelte. Und selbst das kam selten vor. Fahnen gab es eigentlich auch nicht. Ende der 60er-Jahre präsentierte sich das Neckarstadion als eine riesige Schüssel, die für alles gemacht war – vom Leichtathletikfest bis zum Kirchentag –, nur nicht für Fußball. Das wusste damals aber keiner, man kannte es nicht anders. Auf der Haupttribüne, der Gegengeraden und in den unteren Rängen der Kurven standen Bänke. Das waren die Sitzplätze. Auf den oberen Rängen konnte man stehen. Eigentlich konnte man dort auch sitzen. Das Stadion fasste knapp 75.000 Zuschauer, aber wenn nicht gerade die Bayern zu Gast waren, kamen kaum mehr als 20.000 Besucher. Die Stehränge waren so dünn besetzt, dass man Platz nehmen und trotzdem alles mitbekommen konnte. Es war die Zeit, als sich Klaus-Dieter Sieloff, Horst Köppel, Bo Larsson und Hans Eisele noch vor dem Stadion auf einem Grünstreifen warm spielten, mitten unter den ankommenden Zuschauern. Und es war die Zeit, als Väter ihren Söhnen die ersten, ganz simplen Fahnen schenkten: einfach zusammengenähte weiße und rote Stoffrechtecke, bedruckt mit einem VfB Wappen. Das Stück Stoff, kaum einen Quadratmeter groß, war an einen dünnen Holzstab getackert. Söhne mochten diese Trophäen. Mehr als das Spiel. Immer mehr sprangen über die Stehränge und schwenkten ihre Fahnen, anstatt die Kombinationen des VfB auf dem Rasen zu verfolgen. „Könnt ihr mal mit dem Mist aufhören, man sieht ja gar nichts mehr", beschwerten sich die Erwachsenen, die es sich auf den Stehrängen bequem gemacht hatten.

Also rotteten sich die Söhne zusammen, da, wo sie niemanden störten. Genau genommen war dies die Geburtsstunde des A-Blocks, der sich bis heute zur Cannstatter Kurve ausgeweitet hat. Die Zahl der Fahnenschwenker wurde immer größer, ein unorganisierter Haufen, der sich bei Heimspielen traf und irgendwann anfing, die Mannschaft lautstark anzufeuern. Mit Wundermann

Sundermann kam der VfB im Zuge des Wiederaufstiegs Ende der 70er-Jahre total in Mode. Plötzlich gründeten sich Fanclubs, kleine selbstständige Einheiten, die sich im Namen des Vereins präsentierten, ohne irgendetwas direkt mit dem Verein zu tun zu haben. In ganz Europa ging das so.

Bald folgten die ersten Ausschreitungen, die man lange Zeit noch als unglückliche Einzelfälle ad acta legen konnte. Bis zur Katastrophe im Brüsseler Heysel-Stadion. Am 29. Mai 1985 starben beim Finale im Europapokal der Landesmeister zwischen Liverpool und Turin 39 Menschen. Englische Fans hatten den Block der Tifosi gestürmt, Panik war ausgebrochen und eine Mauer eingestürzt. Niemand wollte, dass es in Deutschland jemals so weit kommen konnte. Außerdem fand es der VfB in Stuttgart an der Zeit, Kontakt aufzunehmen mit einer Klientel, die keiner so genau kannte und die im Stadion mehr und mehr den Ton angab. Im Juli 1990 traf sich der Verein mit den Frontmännern seiner Unterstützer. Es wurden drei Fanverantwortliche gewählt, die dem Verein als Ansprechpartner dienten. Es war die Geburtsstunde der OFC – der Offiziellen Fanclubs. Damals waren es 33 offizielle Fanclubs, Klenky war einer ihrer Sprecher. Seit 1998 ist er hauptamtlicher Fanbeauftragter des VfB und sorgt für eine geschlossene Einheit zwischen Verein und Clubs. Sein Wort hat Gewicht, gehört er doch seit 2005 zu einem siebenköpfigen bundesweiten Gremium, das sich Sprecher der Fanbeauftragten nennt und den Kontakt zum DFB und der DFL hält.

Die Bedeutung der Fans drückt sich freilich nicht nur in ihren offiziellen Vertretern aus. Beim bislang letzten Umbau zum reinen Fußballstadion Mercedes-Benz Arena entstand die Cannstatter Kurve mit dem neuen Fantreff in enger Absprache mit den Fanvertretern. Sie beherrschen innerhalb der Arena ihr eigenes Reich. Normale Zuschauer kommen ohne Beziehungen auch gar nicht an Karten für dieses Areal. Sie werden von Fanclubs und Verein im Einklang vergeben.

Natürlich treffen sich hier längst nicht alle Mitglieder der mittlerweile über 370 offiziellen Fanclubs. Viele der Vereinigungen sind 30 Jahre und älter, folglich sind auch ihre Mitglieder in die Jahre gekommen und sitzen, ausgestattet mit einer Dauerkarte, verstreut im ganzen Stadion. Aber die

Stimmungsmacher, die sind alle hier, die Einpeitscher und ihre Anfeuerungsarmee. Und die Ultras. Seit einigen Jahren müssen sich die großen Klubs mit dieser Art der Fanvereinigung arrangieren, was nicht immer ganz leicht ist. Ultras unterstützen zwar die Mannschaft, stehen der Institution Verein aber sehr skeptisch gegenüber und wollen sich nicht vereinnahmen lassen. Dass der VfB trotzdem einen vernünftigen Umgang mit seinen Ultras pflegt, liegt vor allem an Christian Schmidt. Der Leiter der VfB Fanbeauftragten, Mitglied des OFC „Schwabenrangers '95", arbeitete als Sozialpädagoge früher in Kinder- und Jugendheimen, bei der Mobilen Jugendarbeit, mit Drogenabhängigen und als Streetworker. Ihm ist nichts fremd. Er hat einen guten Draht zu den Ultras.

Klenky und Schmidt werden heute in der Cannstatter Kurve stehen. „Ich hoffe mal, dass ein frühes Tor fällt, sonst schimpfen sie noch mit euch", sagt Peter Reichert und lacht.

„Spiel doch mit, vielleicht klappt's dann."

„So wie früher ist es nicht mehr", sagt der ehemalige Mittelstürmer Reichert, „ich merk den Rücken ja schon, wenn wir mit der Traditionsmannschaft spielen. Außerdem muss ich mich um meine Freunde kümmern. Also, viel Spaß."

Hose runter. Wer die Kontrollen passieren will, die Zugang in die Cannstatter Kurve gewähren, sollte keinen roten Teppich erwarten. Gut eineinhalb Stunden vor Spielbeginn strömen die Zuschauer herbei. Hier wird jede Tasche kontrolliert, Rucksäcke müssen manchmal abgegeben werden. Die Ordner tragen Einweghandschuhe. Wer weiß schon, in was man da aus Versehen hineingreifen kann. Sicherheit und Hygiene, das muss einfach stimmen. Freunde macht man sich hier keine. Aber respektvoll muss es zugehen. Man braucht auch ein bisschen Fingerspitzengefühl. Fans abtasten, Plakate und Transparente überprüfen, auch den Text. Weil – beleidigt werden darf hier keiner. Ja, und manchmal muss eben einer mit hinter die Sichtschutzwände.

Hose runter. Sie verstecken das Zeug überall, am ganzen Körper. Auch da, wo man es sich gar nicht vorstellen mag. Pyrotechnik ist eine heiße Sache, echt gefährlich, macht nur Ärger. Man findet trotzdem immer wieder was. Aber man findet eben nicht alles. Geht gar nicht. Vor ein paar Jahren, Europa League gegen Dinamo Zagreb, das war so ein Schockspiel. 10.000 Kroaten. Und ein paar waren richtig mies drauf. Selbst die kroatischen Ordner, die mit ihnen sprechen wollten, haben sie nur beleidigt. Auf Kroatisch. Waren auf Krawall aus. Und dann ging's los. Pyrotechnik, der Albtraum. Aber wie. Spielunterbrechung. Zum Glück passierte sonst nichts.

„Was machen die denn da? Sind doch gar keine Busse aus Hannover angekündigt?", fragt der Ordner den Polizisten. Gut, dass Polizei und Ordnungsdienst vorsichtshalber doch mal rübergelaufen sind in die Benzstraße. Dort stehen die angekündigten Busse der gegnerischen Fans immer. Jetzt kommen auch zwei. Unangekündigt. Was soll's? Zwei Busse. Das geht schon. Aus Nürnberg rollten mal 50 Busse an. Da war was los. Ist eh eine Sache für sich. Wenn die Tür aufgeht, kann einem schon mal einer mit zwei Eimern Urin entgegenkommen. Und man weiß nicht, wer voller ist, die Eimer oder der Träger. Die Leute müssen eingefangen werden. Gibt ja einen ganz speziellen Korridor, in dem sie zum Gästeblock geleitet werden. Geschützt und abgeschirmt. Die Fanlager dürfen sich auf keinen Fall begegnen – das ist das A und O jedes Einsatzes. Der Korridor führt zu den 16 Schleusen, die für die Vorkontrollen aufgebaut sind. Benimmt sich einer komisch, muss er sich auf Alkohol kontrollieren lassen. Ab 1,4 Promille hat er Pech gehabt, er darf nicht ins Stadion. Aber sind ja keine Unmenschen, die Ordner. Schauen, dass er rübergeht zu Rot-Weiß ins Vereinsheim und was isst. Wenn es nicht ganz so schlimm war, kann er es später noch einmal versuchen. Man hat ja eine gewisse Fürsorgepflicht.

In fünf Minuten sollten sie los, sonst wird die Zeit zu knapp. „Fredi, bist du so weit? Du musst ja wieder runter in die Kabine." Jochen Röttgermann erklärt kurz das Programm: Heute sind Loge sieben und Loge 23 dran. Fredi Bobic wird jetzt, eine knappe Stunde vor Spielbeginn, zwei der Logenkunden seine Aufwartung machen. Der Manager ist genau der Richtige für so etwas: Gäste begrüßen, Fragen beantworten, die aktuelle Gefühlslage der Mannschaft offenbaren und seine Einschätzung zum Spiel geben. Das Ritual einer exklusiven Expertenanalyse, Small Talk zwischen Häppchen und einem Schluck Weißwein in kleiner Runde. Pro Loge dauert der Auftritt knapp 20 Minuten, eine angenehme Pflicht. Die gehobene Kundschaft mag solche Besuche, sie sind Teil des vereinbarten Unterhaltungsprogramms. Fußball ist Personenkult, wer weiß das besser als Jochen Röttgermann. Der Geschäftsführer der VfB Stuttgart Marketing GmbH und sein Team sind berufen, den Logenkunden im Business Center das Erlebnis Fußball so angenehm wie möglich zu gestalten. Und auch wenn der Wohlfühlfaktor stark von Tabellenplatz, Ergebnis und Spielweise abhängt, so ist es dem Marketingteam des Vereins in den vergangenen Jahren dennoch gelungen, demonstrativ ein paar Gründe herauszuarbeiten, die eine engere Verbindung mit dem VfB zu einer lohnenden Partnerschaft werden lassen – auch wenn die Mannschaft mal nicht auf Hochtouren läuft. In der Marketingzentrale im Carl-Benz Center gleich hinter der Cannstatter Kurve schaffen kreative Köpfe immer neue Ideen und Anregungen für die Kunden, um gemeinsam mit der Marke VfB Verkaufserfolge erzielen zu können. Sie organisieren im Business Center Großveranstaltungen und kleine Messen, weil es längst als besonderer Kick gilt, im Ambiente eines traditionsreichen Stadions Haupt- oder Gesellschafterversammlungen abzuhalten. Dabei lässt sich die Stimmung mit einer Führung durch die Arena bis hinein in die VfB Kabine unter Leitung eines Exprofis oder Extrainers wie Jürgen Sundermann gleich auf das richtige Level heben. Die alten Hasen schütteln die alten Geschichten nur so aus dem Ärmel. Als besondere Attraktion schaut auch mal ein aktueller Spieler vorbei.

So sind über Jahre hinweg stabile Partnerschaften entstanden, Wechsel gehören eher zu den Ausnahmen. Dass die Marketing GmbH für den VfB trotz allem nicht ein unerschöpflicher Quell frischen Geldes ist, liegt an der unerschütterlichen Tatsache, dass, so Röttgermann, „Werbung endlich ist". Natürlich verkaufen sie die Bandenwerbung zwei Mal, vielleicht auch drei Mal. Aber irgendwann ist Schluss. Die Arena verfügt auf der Haupttribüne über 46 Logen, durch den Umbau der Untertürkheimer Kurve kamen 20 dazu. Sie sind im Grunde verkauft. Dasselbe gilt für die rund 800 Business-Seats. Ausverkauft. Daneben verfügt der VfB nach seiner Philosophie über eine Sponsorenpyramide, deren Spitze der Hauptsponsor Mercedes-Benz Bank bildet. Darunter folgen vier Exklusivpartner, die sich auch nur dann als exklusiv empfinden, wenn sie ein kleiner Kreis bleiben. Bei der dritten Kategorie, den Premiumpartnern, hätte der VfB noch Luft, bei den daraufffolgenden Teampartnern aber geht nichts mehr.

Und so verfolgen Jochen Röttgermann und seine Mitarbeiter mit großem Einsatz die Strategie, bestehende Partnerschaften aufrechtzuerhalten und zu vertiefen. An Spieltagen wie diesem bedeutet das, sich in so vielen Logen wie möglich sehen zu lassen, Kritik anzunehmen, Anregungen aufzunehmen, einen Gast wie Fredi Bobic mitzubringen. Große Sponsoren haben sich vertraglich zusichern lassen, dass sich bis zu neun Mal im Jahr ein Spieler in der Loge sehen lässt. Röttgermann organisiert und sorgt für einen reibungslosen Ablauf nach dem Schlusspfiff. Daneben lebt auch er das Prinzip Hoffnung. Auf ein frühes Tor, auf einen Erfolg. Siege machen vieles leichter. „Komm, Fredi, gehen wir los", sagt Röttgermann. Der Marketingchef muss sich später noch um eine Delegation aus Japan kümmern.

Die Behindertentoiletten sind geöffnet. Innen alles in Ordnung. Peter Reichert inspiziert die Lage lieber selbst, bevor er sich draußen um seine Freunde kümmert.

„Peter, wird das was heute?"

„Heinz, komm, mehr Optimismus, was ist denn los?"

„Gerade weiß man ja wirklich nicht. Als du noch gespielt hast, war's besser."

„Anders, Heinz, anders war's. Aber besser auch nicht immer. Glaub's mir."

Ist ja schon fast 30 Jahre her. Wissen beide, beide lachen. So muss es sein. Gute Stimmung. Denn bei allem Interesse für den VfB kostet es doch auch Überwindung, so mit dem Rollstuhl ins Stadion. Peter Reichert hat Hochachtung vor diesen Menschen. 170 Rollstuhlfahrer finden Platz in der Arena, Untertürkheimer Kurve und EnBW-Tribüne. Kommen problemos rein und raus. Mit Begleitperson. Daneben stellt der VfB noch 30 Plätze für blinde Besucher. Zwei Moderatoren des SWR schildern ihnen das Geschehen auf und neben dem Platz. Peter Reichert betreut diesen Bereich..

Ein Stadion muss behindertengerecht sein. Er findet das gut so. Klar, der Fußball kann keinen Rollstuhlfahrer auf die Beine stellen, keinen Blinden sehend machen und keinen Kranken heilen. Aber ablenken kann er, auf eine wunderbare Weise Hoffnung erzeugen, die ihn immer wieder selbst überrascht. Früher, als Spieler, da dachte er an so etwas nicht. Darf man auch gar nicht dran denken. Du triffst ja keinen Ball mehr. Sie sind raus, 1984, wollten Meister werden und waren sich sicher, dass es klappen würde. Aber dass es draußen Menschen gab, denen sein Erfolg etwas mehr, etwas ganz anderes bedeutete, daran hat er doch keinen Gedanken verschwendet. Vielleicht war es damals auch noch nicht so. Aber heute, jedenfalls, unglaublich.

Als Fanbeauftragter ist er ja unter anderem für die ganzen sozialen Aktivitäten zuständig. Kindernachsorgeklinik Tannheim, Kinderkrankenhaus Olgäle. Er findet immer wieder Spieler, die zu den Besuchen mitgehen. Freiwillig. Da kann man ja keinen zwingen, bringt doch nichts. Man erlebt berührende Momente, mit denen man erst mal fertig werden muss. „Herzenswunsch", eine tolle Einrichtung. Für die hat er neulich einen krebskranken Jungen durchs Stadion geführt. Er durfte vor dem Spiel sogar in die Kabine. Da leuchten plötzlich Kinderaugen, die sonst viel ertragen müssen. Wie kaputt muss man sein, wenn einem das nicht an die Nieren geht? Oder Fritzle, das VfB Maskottchen. Das Krokodil ist eh der Held aller Kinder. Mit Fritzle war er neulich im Krankenhaus. Das Mädchen, viereinhalb Jahre, hatte Krebs. Lebenserwartung vier Wochen. Hat eine halbe Stunde mit Fritzle gespielt. Hat alles um sich herum vergessen. Auch die Schmerzen. Hundertprozentig. Und er, Peter Reichert, saß neben den Eltern. Sie weinten. Er wusste nicht recht, was er sagen sollte.

„Wasen an alle: Spielbeginn." Der Funkspruch aus der Kanzel geht an alle Einsatzkräfte, der ganz spezielle Liveticker. Jede Veränderung des Spielstandes wird ab sofort durchgegeben. Das ist kein Service für die VfB Fans unter den Polizisten, sondern eine Frage der Sicherheit. Jedes Tor ändert die Stimmung. Und jeder Polizist muss die Stimmungslage im Stadion kennen. Der Einsatzleiter nimmt sein Fernglas und beobachtet die Cannstatter Kurve. Natürlich hat er sofort die Transparente im Blick, die ganz speziell an ihn und seine Kollegen gerichtet sind. Die Jungs da drüben wissen doch Bescheid. Genießen es, unter die Lupe genommen zu werden. Und grüßen zurück. „1312" steht auf dem Transparent. Ein simpler Code, die Zahlen stehen stellvertretend für die Buchstaben des Alphabets. Und falls es einer immer noch nicht versteht, halten die Fans noch ein Plakat mit den entsprechenden Buchstaben hoch: ACAB – all cops are bastards.

„Irgendwann", sagt der Einsatzleiter, „gehen wir da rein und holen die Jungs raus."

„Lass sie doch", sagt der Kollege, „die geben doch nur 'ne Bestellung auf. „ACAB. Acht Cola, acht Bier."

Das Funkgerät gibt Laut: „Benötigen Arzt für eine Haftfähigkeitsuntersuchung. Stark alkoholisierter Fan am Haupteingang."

„Ich schick Euch den Arzt."

Wenig später: „Wir nehmen den Fan mit."

„Leute, jetzt haben wir auch noch Widerstand gegen die Staatsgewalt."

„Jetzt randaliert er auch noch im Einsatzwagen."

Der Einsatzleiter schüttelt den Kopf: „Noch eine Straftat, dann können wir den Fall an die Kripo geben."

Das frühe Tor ist gefallen, Christian Gentner sei Dank. Die Cannstatter Kurve feiert. Ralph Klenk und Christian Schmidt mittendrin. „Könnte noch ruhiger werden, als wir dachten", denkt Klenky. Als Endvierziger fühlt er sich hier ein bisschen zurückversetzt in die alten Zeiten. Heute kümmert er sich ja hauptsächlich um die „alten" Fanclubs. Deren Mitglieder können Geschichten erzählen. Wie sie die Meistermannschaft 1984 nach dem entscheidenden Sieg in Bremen auf dem Stuttgarter Flughafen empfangen haben. Oder was in Berlin los war 1997 nach dem Pokalsieg. So viele wissen das hier nicht mehr. Klenky hält Blickkontakt mit Christian Schmidt, der nickt zurück: Ein frühes Tor ist immer gut.

Nur für Hannover nicht. Im Gästeblock schleicht sich der Frust ein. Kurz vor der Pause fällt auch noch das 2:0. „Zentrale, Ordner melden, dass im Gästeblock irgendwelche Idioten ein Geländer abgeschraubt haben."

„Keine Beamten", gibt der Einsatzleiter zurück, „lass die Ordner das Geländer holen. Wir brauchen doch deshalb keinen Stress."

„Metallteile gesichert", ertönt es wenige Minuten später aus dem Funksprechgerät, „aber die Ordner melden einen Fan mit Gipsarm, der sich auffällig benimmt. Könnt ihr den mal ins Visier nehmen?"

„Habt ihr ihn?", fragt der Einsatzleiter und geht rüber in die Leitzentrale. 36 Bildschirme.

„Groß und in Farbe", sagt der Beamte. Schöne Bilder, gut zu erkennen. Der Junge im Gästeblock zieht aus seinem Gipsarm einen Joint, zündet ihn an und lässt ihn unter seinen Kumpeln kreisen. „Die lernen es nie", sagt der Einsatzleiter. Im Stadion sind keine Drogen erlaubt, Verstoß gegen das Betäubungsmittelgesetz. „Dann holen wir uns das Bürschchen eben."

Der Pausengang wird zum reinen Vergnügen. Mit einem 2:0 im Rücken startet Rainer Mutschler seinen Slalomlauf durch die Tische in der Soccer Lounge des Business Centers. 800 Menschen gönnen sich hier eine kleine Pause, strömten mit dem Halbzeitpfiff rein, bedienen sich am Büffett, drängen sich an der Bar, speisen an ihren Tischen, sprechen über das Spiel. Zu den Kunden zählen die Vertreter kleinerer und größerer Unternehmen, die das besondere Ambiente und die Atmosphäre nutzen, um mit Geschäftsfreunden ein paar außergewöhnliche Stunden zu verbringen. Aber es sind auch Privatpersonen hier, die mit Frau und Familie ein Fußballspiel in gehobener Atmosphäre genießen wollen.

Wer knapp 400 Euro für eine Karte pro Spiel springen lässt, will natürlich, dass alles zu seiner Zufriedenheit abläuft. Als Geschäftsführer der VfB Stuttgart Marketing GmbH hat Rainer Mutschler mit seiner Mannschaft die Aufgabe, den Besuchern das Erlebnis Fußball so attraktiv wie möglich zu präsentieren. Zumindest das Rahmenprogramm. Überall hängen Bildschirme, auf denen nach Spielschluss direkt die Pressekonferenz übertragen wird. Im EnBW-Sportstudio stellen sich Mitglieder der Mannschaft den Fragen des Moderators zum Spiel. Fußball ist Personenkult. Heute werden Co-Trainer

Eddy Sözer und Nachwuchstalent Antonio Rüdiger erwartet. Dazu können die Besucher den Abend später an der Sekt-, der Wein-, der Cocktail- oder der Piano-Bar ausklingen lassen. Es wird oft spät im Business Center.

„Schmeckt's?", fragt Mutschler und schüttelt Hände. Der Small Talk dient zur Festlegung des Stimmungsbarometers. Abgesehen vom Gastropersonal arbeiten hier rund 100 Menschen im Auftrag der Marketing GmbH. Zum Beispiel Hostessen, die Fragen beantworten, Gäste an ihre Tische führen und immer freundlich lächeln. 20 Mitarbeiter der VfB Marketing GmbH übernehmen die Qualitätskontrolle. Nach jedem Spiel wird analysiert, ob der gigantische Unterhaltungsbetrieb rund läuft: Was können wir besser machen, gab es Engpässe, Beschwerden, waren die Schlangen am Büffet zu lang, wie kam das Essen an? Vor dem Spiel, in der Halbzeitpause, nach dem Spiel. Aber natürlich, bei 2:0 ist sowieso alles gut.

Vor dem Gästeblock beraten sich Polizisten und Ordner. Der Kiffer und seine Kumpel stehen immer noch unter Beobachtung. Aber soll man da jetzt rein und sie rausholen? „Leute, wir fangen doch jetzt wegen einem Joint keinen Krieg an", sagt der Polizist und berät sich mit der Einsatzzentrale. Was die Sache erschwert: Die Spieler kommen schon wieder aus der Kabine, die zweite Hälfte fängt gleich an. „Wir brechen ab", sagt der Polizist zu den Ordnern, „für euch ist die Sache erledigt. Wir holen ihn uns später. Wir haben ihn ja."

Oben in der Leitzentrale hat die Kamera Bilder von dem Jungen mit dem Gipsarm gemacht und mailt sie an die szenekundigen Beamten aus Hannover, die unten vor dem Block postiert sind. Der Junge ist nicht unbekannt, musste beim Einlass einen Rucksack abgeben. Da war sein Ausweis drin. Die Personalien sind erfasst.

„Schaut mal", sagt der Beamte in der Leitzentrale mit Blick auf den Monitor. „Er hat was gemerkt, er zieht sich um. Na, der kann die Klamotten wechseln, so oft er will." Die Stimmungslage hat sich geändert. Völlig aus dem Nichts hat Hannover das Spiel gedreht. Keine 20 Minuten dauerte es, um aus einem 0:2 ein 4:2 zu machen. Die Stimmung im Gästeblock ist ausgezeichnet. Und sonst ist alles ruhig. Die ersten Zuschauer wandern ab. Und was den Kiffer betrifft: „Wir warten bis zum Abpfiff", entscheidet der Einsatzleiter, „aber Zugriff nur bei absolut günstiger Gelegenheit."

Ja, man steckt nicht drin. Sah ja überhaupt nicht so aus. Hatten eigentlich alles im Griff. Eigentlich. Und nach dem Anschlusstreffer irgendwie den Faden verloren. Rainer Mutschler ist untröstlich. „Jetzt trinken Sie noch ein Glas Wein, dann sieht die Welt schon wieder anders aus. Und beim nächsten Mal wird's besser", verspricht Mutschler seinen Kunden im Business Center und macht sich auf, um mit dem nächsten Tisch ein paar Worte zu wechseln. Da trifft er auf Peter Reichert.

„Ist bei euch alles in Ordnung?", fragt Mutschler.

„Bei uns schon. Klenky und Christian bleiben noch drüben bei den Fans, ist aber alles ruhig. Ich komm gerade von den Rollstuhlfahrern. Mensch, waren die enttäuscht. Haben mir richtig leidgetan."

„2:4 – damit hat wirklich keiner mehr gerechnet."

„Passiert halt mal. Ich muss noch zum Freundeskreis. Interview geben, Spiel erklären", sagt Peter Reichert. Der Freundeskreis ist ein Relikt aus den Zeiten, als es noch kein Marketing und kein Business Center gab und der Fußball noch bezahlbar war. Jürgen Sundermann und Gerhard Mayer-Vorfelder trieben Anfang der 80er-Jahre die Gründung der Gemeinschaft potenter Edelfans voran. Sie standen dem Klub in schweren Zeiten immer wieder zur Seite, wenn für Transfers mal wieder das Geld fehlte. Und auch wenn der Einfluss im Lauf der vergangenen Jahre naturgemäß nachgelassen hat, wird die Tradition noch immer hochgehalten. Die Mitgliederzahl ist begrenzt, ohne Bürge findet eh keiner Einlass. Der Freundeskreis besitzt im Business Center sein eigenes Areal. Peter Reichert gilt als ein gern gesehener Gast zur Spielanalyse.

„Wir freuen uns sehr, dass Sie da sind", begrüßt Jochen Röttgermann die Gäste aus Japan, „die beiden Spieler werden gleich kommen. Sie wissen ja, duschen, kurze Behandlung, wie das im Fußball eben so ist. Wenn Sie meinem Kollegen so lange folgen würden. Wir haben in der Untertürkheimer Kurve eine Loge vorbereitet. Ich schaue nach Ihren Landsleuten." Die Japaner nicken freundlich und machen sich auf den Weg, voll bepackt mit Spruchbändern und Geschenken. War ja auch eine gelungene Aktion damals nach der Katastrophe von Fukushima. Nach Erdbeben, Tsunami und Atomkraftwerkunfall waren Shinij Okazaki und Gotoku Sakai in die Heimat geflogen, um nach ihren Familien zu sehen. Auf Einladung japanischer Mitarbeiter von Mercedes und Bosch besuchten sie Kinder, die von der Katastrophe hart getroffen worden waren. Sie spielten Fußball mit ihnen. Es ist ja immer dasselbe, aber es hilft. Die Kinder wollten sich unbedingt bedanken, malten Spruchbänder, schickten Fotos. Die japanische Delegation wollte die Geschenke persönlich vorbeibringen. Es gibt ein großes Hallo, ein ziemliches Durcheinander. Sakai und Okazaki sind sehr freundliche Jungs. Sie bedanken sich ausgiebig, zeigen großes Interesse an den Fotos, lesen die Spruchbänder genau. Und sie stehen natürlich für Fotos zur Verfügung, endlos. Jochen Röttgermann schaut unauffällig auf die Uhr. Na, solange die beiden glücklich sind mit ihren Landsleuten, muss er ja nicht eingreifen.

Die Ordner haben die Westen wieder abgegeben und ihr Geld bekommen. Schon wieder nach zehn. Feierabend jetzt. Ralf Schindler wird zu Hause noch mal nach seiner Schildkröte schauen. Oben in der Kanzel packen die Polizisten zusammen. Der Kiffer und seine Kumpel wurden verhaftet. Jetzt drohen ihnen eine Strafanzeige und Stadionverbot. Sie lernen es nie. Der

Mann von der Feuerwehr streckt den Kopf rein: „Was ist denn da drüben in der Untertürkheimer Kurve los?"

„Japaner", sagt der Einsatzleiter, „wollen ihre Nationalspieler fotografieren, glaub ich. Alles in Ordnung."

„Jetzt gehen die früh in Führung. Und dann das. Komisch. Gab es bei euch heute was?", fragt der Feuerwehrmann.

„Vier Gegentore, keine besonderen Vorkommnisse", sagt der Einsatzleiter. Er klappt das Laptop zu.

Das nächste Spiel ist immer das schwerste

Der Präsident feilt noch ein wenig. Heute ist wieder eine kleine Ansprache fällig: „… wünschen wir uns allen ein schönes Spiel und uns – ich möchte nicht unhöflich erscheinen – den Sieg." An diesem 6. Dezember erwartet der VfB in der Europa League Molde FK. Um 13 Uhr treffen Gerd E. Mäuser und weitere VfB Verantwortliche die Delegation des Norwegischen Meisters zum offiziellen Bankett. Bei einem gepflegten Menü geht es dabei um den Austausch der üblichen Höflichkeiten. Am Abend geht es für den VfB um Platz eins in der Gruppe E – und damit auf einen Schlag um 600.000 Euro. Dass sich dem VfB diese Chance überhaupt noch bietet, hat er der Tatsache zu verdanken, dass sich die Mannschaft nach schwachem Start eindrucksvoll in diesen Wettbewerb zurückgekämpft hat. Nach dem 2:0-Erfolg in Kopenhagen und dem überragenden 5:1 bei Steaua Bukarest hat es der VfB selbst in der Hand, wie geplant die Gruppenphase in der Europa League zu überstehen.

Das ist nicht gerade eine Ausnahmesituation auf dem Cannstatter Wasen. Die Geschichte des Vereins auf europäischem Parkett ist lang und geprägt von großen Spielen und denkwürdigen Begegnungen, von hartem Alltag und herben Enttäuschungen, von großen Emotionen und blankem Entsetzen. Die Auswirkungen des Spiels treffen einen auf der internationalen Bühne eben noch einmal auf eine viel intensivere Art, als es der Pflichtstoff der Bundesliga vermag. Und man trifft auf große Stars. Francesco Graziani, Oleg Blochin, Diego Maradona, Careca, Eric Cantona, Gianfranco Zola, John Terry, Frank Lampard, Ruud van Nistelrooy, Marcel Desailly, Karim Benzema, Lionel Messi,

„Wenn wir nicht international spielen, sind wir die Deppen. Wenn wir international spielen, will es keiner sehen."

Martin Harnik über das Interesse der Zuschauer
an den Spielen der Europa League

Xavi und Andrés Iniesta – alles große Namen, mit denen sich der VfB im Lauf der Jahre messen durfte.

Aber es gab eben nicht nur Spiele gegen Torino, Kiew, Neapel, Chelsea, Manchester, Lyon oder Barcelona. Europapokal, das heißt auch immer Tatabanya, Presov, Nikosia, Larnaca oder Vestmannaeyja. Das Los ist ein Schweinehund, der einen nach Lust und Laune mit den Großen der Branche zusammenführt oder ans Ende der Welt schickt. Zwar gibt es auch im europäischen Fußball längst Ranglisten wie im Tennis und verschiedene Lostöpfe, die den Zufall bis zu einem gewissen Grad einschränken. Aber das Losverfahren sorgt immer noch für Paarungen, die einen voll überraschen und das Stadion leer machen können.

Doch vor allem kreuzen sich im Europapokal die Wege von Land und Leuten. Anfang der 80er-Jahre, als die Welt noch längst nicht so zusammengewachsen war wie heute und der VfB erst begann, sich in Europa zu etablieren, galt das noch viel mehr. Eine Reise nach Moskau etwa war etwas ganz besonderes, weil man den Eisernen Vorhang durchbrechen musste. Und außer Staatsmännern gelang das eigentlich nur noch dem Fußball. Der VfB spielte bei Torpedo Moskau, und so klein und trist das Stadion auch war, so groß und herzlich zelebrierten die Moskowiter ihre Vorstellung von Gastfreundschaft. So reichte der Torpedo-Präsident nach jedem gelungenen Spielzug – ganz gleich, von welcher Mannschaft – seinem Nachbarn die Wodkaflasche. VfB Präsident Gerhard Mayer-Vorfelder nahm dankend an, zumal auf der Tribüne Kälte und Feuchtigkeit unter den Mantel krochen. Aber Wodka ist ein heimtückisches Getränk. Es verleiht scheinbar übermenschliche Kräfte, die mit jedem Schluck noch stärker werden. Doch irgendwann, von einem Tropfen auf den anderen, folgt ein kapitaler Knock-out. MV war nach Ende der 90 Minuten bester Dinge, nicht ahnend, dass es sich bei dem feurigen, freundschaftlichen Duell mit dem Kollegen von Torpedo lediglich um ein Vorspiel handelte. Das anschließende Bankett im Hotel Rossija blieb den VfB Offiziellen nicht nur wegen der herzhaften russischen Küche in Erinnerung. Ein Trinkspruch folgte auf den nächsten, und jeder musste mit Wodka begossen werden, der nicht in kleinlichen Schnaps-, sondern großen Wassergläsern gereicht wurde. Das Bankett zog sich bis weit in die Morgenstunden, und irgendwann ging beim

VfB Präsidenten nichts mehr. Es ging gar nichts mehr, weshalb der Rückflug am nächsten Morgen zu platzen drohte. Die Gastgeber brachten den Präsidenten schließlich persönlich an den Flughafen und überzeugten die strengen Beamten am Zoll davon, diesen aufrechten Mann, der gar nicht mehr so aufrecht stand, doch von allen Pass- und sonstigen Kontrollen ausnahmsweise zu verschonen. Im Flieger, nachdem er langsam zu sich gekommen war, fragte Mayer-Vorfelder: „Wir haben knapp verloren, oder?"

Doch nicht nur der Präsident war bei Europareisen der Welt ein paar Gläser voraus. 1989 beim Gastspiel in Zagreb rutschten die Journalisten so unvermittelt in ein feuchtfröhliches Abenteuer wie einst Gerhard Mayer-Vorfelder. Am Spieltag hatten die jugoslawischen Kollegen zum Hallenfußballspiel eingeladen. Der Auftritt geriet nicht gerade zu einer Demonstration deutscher Fußballkunst. Die Sache mit der Technik ist eine schwierige, die sich durch unbändigen Willen kaum vereinfachen lässt. Die Gastgeber gewannen haushoch und baten die deutschen Kollegen anschließend zu einem „kleinen" Essen. Es wurde aufgetischt, was die Küche hergab. Auch der Durst war groß, weil die Luft in der Halle den Gaumen trockengelegt hatte. Die Gastgeber schenkten reichlich ein, nur waren es jetzt keine Tore mehr. Die Gesellschaft saß fest. Die ersten Mahnungen, man müsse sich langsam auf den Weg zum Spiel machen, gingen im Klirren der Gläser unter. Die Dinamo-Fans hatten längst ihre bengalischen Feuer gezündet und der Schiedsrichter die Platzwahl bereits vollzogen, als die fröhlichen Freizeitfußballer im Stadion eintrafen. Dort begegneten sie einem völlig verzweifelten Ulrich Schäfer. Dem VfB Geschäftsführer hatte niemand Bescheid gegeben. Er hatte eigens für die Journalisten einen Bustransfer vom Hotel zum Stadion organisiert. Und als die Journalisten partout nicht auftauchen wollten – nicht mal einer –, wusste er nicht so recht, über was er sich mehr Sorgen machen sollte: War in der Presse wieder irgendetwas im Gange, oder war den Journalisten bei einem Ausflug etwas zugestoßen? Als er sie dann so sah, war er erleichtert und sauer zugleich. Der VfB gewann 3:1, womit die Sache vergessen war.

Nicht immer freilich waren die Europapokal-Erlebnisse mit gut gemeinter Aufmerksamkeit zu entschuldigen. So wie beim UEFA-Pokal-Finale 1989 gegen den SSC Neapel. Der VfB hatte nicht nur die Ehre, mit Diego Maradona zu kämpfen. Er sammelte auch große Erfahrungen mit den Eigenheiten der Führungskräfte des SSC Neapel.

Die Posse begann damit, dass Neapels Trainer Ottavio Bianchi den ihm völlig unbekannten Gegner beobachten wollte und unangemeldet zum Bundesliga-Spiel in Stuttgart gegen den Karlsruher SC erschien. Vom Stuttgarter Flughafen aus rief er den völlig verdutzten VfB Geschäftsführer Ulrich Schäfer an und bestellte einen Wagen und einen Dolmetscher. An einem Samstag um 14 Uhr. „Ich kann doch nicht zaubern", ärgerte sich Uli Schäfer und setzte alle Hebel in Bewegung, um Bianchi vom Flughafen weg- und auf einem angemessenen Platz auf der völlig ausverkauften Haupttribüne unterzubringen. Eigentlich zog sich der VfB ordentlich aus der Affäre – bis auf die Tatsache, dass sich Bianchi bitter beschwerte, weil für ihn kein Platz mehr auf der Ehrentribüne gefunden werden konnte. Neapel zählte sich damals zu den ganz großen Klubs – und leitete daraus offenbar ein paar Selbstverständlichkeiten ab, die nicht unbedingt üblich waren. Der große Präsident Corrado Ferlaino ließ die Sache scheinbar auf sich beruhen.

Zum Finalhinspiel in Neapel reiste der VfB dann mit großem Aufgebot: Delegierte, ehemalige Spieler, Spielerfrauen. Er kaufte dafür sehr teure Karten für die Haupttribüne. Das Problem dabei: Die Plätze gab es nicht. Die Spielerfrauen und Offiziellen mit Präsident Gerhard Mayer-Vorfelder an der Spitze standen auf der Haupttribüne und wussten nicht, was tun. Die Tifosi sangen längst ihre Opernarien und huldigten Maradona, als sich die Gäste selbstständig Stühle organisierten. „Wir bedanken uns für die Gastfreundschaft", sagte MV zähneknirschend zum Abschied und hatte Neapel schon vor dem Rückspiel gefressen.

Aber über das denkwürdigste Erlebnis im europäischen Fußball wird seit über 20 Jahren beim VfB nur ungern gesprochen, weil es Segen und Fluch zugleich sein kann, wenn man ein Gespür für historische Ereignisse entwickelt. Denn die Geschichte, die bis heute zu den größten Kuriositäten des Europapokals gehört, erschütterte den Verein bis ins Mark und hat viel mit der deutschen Wiedervereinigung zu tun, bei der der VfB – in Bezug auf den Profifußball – eine tragende Rolle übernahm. Schon am Abend, als die Mauer fiel, am 9. November 1989, feierte der VfB mit dem 3:0 gegen die Bayern einen historischen, weil seinen bisher letzten Erfolg im DFB-Pokal gegen die Münchner. Und nachdem die DDR vollends zusammengebrochen war, wurde der VfB 1992 der erste gesamtdeutsche Meister seit Kriegsende, weil die Bundesliga vorübergehend auf 20 Vereine aufgestockt worden war und sich die ehemaligen DDR-Spitzenklubs Hansa Rostock und Dynamo Dresden für die freien Plätze qualifiziert hatten. Ein Titel, der damals begehrter war als die Deutschen Meisterschaften zuvor. Das lag an der Geschichte des Landes, aber auch am Europapopkal, dessen Neustrukturierung gerade begonnen hatte. Der Landesmeisterwettbewerb hieß neuerdings Champions League und sah eine Gruppenphase vor. Es handelte sich dabei noch lange nicht um diese unglaubliche Geldmaschinerie, wie sie heute in Schwung gehalten wird. Denn aus der alten Tradition heraus durften tatsächlich nur Landesmeister teilnehmen, weshalb es wesentlich weniger Gruppen gab als jetzt. Aber die Gruppenphase vermittelte den ersten Eindruck der schon damals viel diskutierten europäischen Topliga, von der viele träumten und die viele bekämpften, um die Attraktivität der nationalen Ligen nicht zu schwächen. Der VfB jedenfalls hatte die Ehre, als erster deutscher Klub daran teilzunehmen. Voraussetzung war, eine vorgeschaltete K.o.-Runde zu überstehen, die damals als Qualifikation bezeichnet wurde. Gegner war der Englische Meister Leeds United, ein schwere Aufgabe, die der VfB im Hinspiel in Stuttgart aber souverän mit 3:0 löste.

Im Rückspiel in Leeds ging es hoch her. Nach 86 Minuten lag der VfB 1:4 zurück, was immer noch gereicht hätte. Aber der Druck der Engländer wurde immer größer. Trainer Christoph Daum wechselte noch einmal aus, um Zeit zu gewinnen und um die Abwehr zu stabilisieren. Maurizio Gaudino ging, es kam der baumlange serbische Verteidiger Jovica Simanic. Am Ergebnis änderte sich nichts mehr. Fans und Spieler feierten das Weiterkommen, doch schon auf dem Rückflug wurde die Stimmung immer schlechter. Noch im Flieger stellte sich heraus, dass der VfB falsch ausgewechselt hatte. Die Regel besagte damals, dass nicht mehr als drei Nicht-EU-Ausländer pro Mannschaft auf dem Platz stehen durften. Nach Eyjolfur Sverrisson (Island), Slobodan Dubaijc (Jugoslawien) und Adrian Knup (Schweiz) war Simanic aber der vierte. Die Tragweite des Vier-Minuten-Einsatzes war niemandem klar. Etwas

Vergleichbares hatte es zuvor noch nie gegeben. Von einer Geldstrafe bis zum sofortigen Ausschluss aus dem Wettbewerb schien alles möglich. Die Verzweiflung war groß. Noch im Flieger versuchten Christoph Daum und Manager Dieter Hoeneß die mitgereisten Journalisten davon zu überzeugen, die Sache erst einmal unter den Tisch fallen zu lassen. Ein Wunsch, der nach heftigen Diskussionen abgelehnt wurde, was für eine nachhaltige Störung des Verhältnisses zwischen Verein und Presse sorgte. Dabei war die Diskussion völlig unnötig. Die Engländer hatten den Fehler längst bemerkt. Tagelang bestimmten Fußballwitze über die dummen Stuttgarter die Gazetten auf der Insel. Auch in Deutschland ergoss sich Häme und Spott über den VfB. Nur in Stuttgart lachte keiner. Am schlimmsten traf es den armen Jovica Simanic. Der Serbe sprach praktisch kein Deutsch. In der Nacht nach dem Spiel hatte er zudem erfahren, dass sein Bruder im Jugoslawienkrieg gefallen war. Und nun, am nächsten Morgen, sah er sich einer Armada von TV-Kameras ausgesetzt, ohne ganz genau zu wissen, um was es ging. Er wusste nur: Er war schuld, aber an was? Leeds war sein erster und einziger Einsatz bei den VfB Profis.

Viele forderten die Entlassung des Trainers, der sich mit Händen und Füßen wehrte. Christoph Daum wies den Fehler weit von sich und machte Mannschaftsbetreuer und sogar den Zeugwart für die falsche Auswechslung verantwortlich. Im Verein herrschten Misstrauen und Unmut, es wurde viel Porzellan zerschlagen. Die UEFA wusste auch nicht so recht, wie sie damit umgehen sollte, Präzedenzfälle gab es nicht. VfB Präsident Gerhard Mayer-Vorfelder bemühte seine Kontakte zur Europäischen Fußball-Union, um das Schlimmste zu verhindern. Schließlich kam es zu einem salomonischen Urteil. Die UEFA wertete das Spiel mit 3:0 für Leeds, weshalb nach dem 3:0-Erfolg des VfB im Hinspiel ein Entscheidungsspiel auf neutralem Boden angesetzt werden musste. In Barcelona verlor der VfB gegen die Engländer mit 1:2, ein bitteres Aus.

Im Nachhinein betrachtet, war die damalige Aufregung viel zu groß. Denn die Ausländerregel war tückisch, weil sie unbegrenzt Nicht-EU-Ausländer im Kader zuließ, nur eben nicht auf dem Platz. Und so stolperten später erfahrene Trainer wie Otto Rehhagel und Karl-Heinz Feldkamp über das Regelwerk und wechselten im Eifer des Gefechts falsch aus. Aber nie bekam irgendein

Verein oder Trainer noch einmal so viel ab wie Daum und der VfB. Der Fluch der ersten Tat.

Dagegen ist Molde heute ein Trainingsspiel. Kein Maradona, kein Messi. Und auch sonst sind keine außergewöhnlichen Ereignisse zu erwarten. Vegard Forren oder Knut Olav Rindaroy heißen die Spieler, die in der Heimat in den vergangenen zwei Jahren dem Dauermeister Trondheim den Rang abgelaufen haben. Schuld daran ist der bekannteste Mann der Gäste. Trainer Ole Gunnar Solskjaer hat als Spieler mit Manchester United 2004 in der Champions League in Stuttgart verloren. Das bestätigt zwar die alte Weisheit, dass man sich im Fußball immer zwei Mal begegnet (besonders im Europapokal), macht aber in der Öffentlichkeit keinen allzu großen Eindruck. Der VfB hofft auf 20.000 Zuschauer, verwöhnt wurde er in dieser Gruppenphase ja bisher nicht gerade. In der Mannschaft herrscht ein gewisser Unmut über das Desinteresse des Publikums am internationalen Doppelpass. Schließlich werden die Leistungen das ganze Jahr über dahingehend geprüft und bewertet, ob sie ausreichen, um den Sprung ins europäische Geschäft zu schaffen oder nicht.

Die Offiziellen, durch langjährige Erfahrungen gestählt, bleiben ernüchternd gelassen und konzentrieren sich darauf, einen guten Eindruck zu hinterlassen. Die Einteilung der Europa League in Gruppen- und K.o.-Phasen, also ähnlich wie in der Champions League, sorgt in der Gruppenphase immerhin für gesicherte Einnahmen von rund fünf Millionen Euro. Ein volles Stadion als zusätzliche Geldquelle würde man gerne mitnehmen. Aber die internationalen Spiele der vergangenen Jahrzehnte haben in Cannstatt die Erkenntnis reifen lassen, dass man lange durchhalten muss in diesem Wettbewerb, bis Gegner kommen, die die Mercedes-Benz Arena füllen.

So läuft heute alles etwas nüchterner ab. Die Faszination an den Wettbewerben hat gelitten und wird erst wieder voll zum Leben erweckt, wenn Phasen erreicht werden, die der Fan als „ernst" bezeichnet. Und auch hinter den Kulissen ist aus dem liebevollen Umgang mit menschlichen Schwächen eine eher geschäftsmäßige höfliche Konversation geworden. Es gibt eben Regeln. Einen Styleguide so dick wie ein Buch verschickt die UEFA heutzutage für alle Belange, die ein internationales Spiel betreffen. Die Umgangsformen

Internationaler Fußball macht Appetit

**Bankett Europa League
Gruppenphase Saison 2012/2013
VfB Stuttgart – Molde FK**

— **Menü** —

Gebratene Riesengarnelen
mit geschmolzenen Kirschtomaten und kleinem
Salatbouquet in Walnussdressing

Rosa gebratenes Rinderfiletmedaillon
an Balsamicosauce
mit Kräuternudeln und Ratatouillegemüse

Hausgemachtes Grießflammeri
auf Himbeer-Vanille-Spiegel
mit Schokoladeneis und Sahne

— **Weißwein** —

2010er Riesling „Katharina", trocken,
Collegium Wirtemberg

— **Rotwein** —

2010er Trollinger „Wilhelm", trocken,
Collegium Wirtemberg

kommen auch darin vor, aber in erster Linie geht es um Fragen der Werbung. Faktisch verliert der VfB im Europapokal einen Teil des Hausrechts. Die gesamte Arena wird von der UEFA vermarktet. Die sonst üblichen VfB Sponsoren müssen weichen, oder sie kaufen sich ein. Weil die UEFA auch Teile des Logen- und Businessbereichs beansprucht, erfordert es vom Veranstalter VfB ein gewisses organisatorisches und logistisches Geschick, um die Dauerkundschaft, die sich ihre angestammten Plätze aus der Bundesliga extra kaufen muss, auch im Europapokal zufriedenzustellen.

Das Bankett gehört da schon zu den angenehmeren, leichteren Pflichten und dient als passende Gelegenheit, den dunklen offiziellen Vereinsanzug mal wieder auszuführen. Punkt 13 Uhr ist im Nebenzimmer des VfB Klubzentrums alles gerichtet. Molde-Präsident Oystein Neerland hat acht Vorstandsmitglieder mitgebracht, der VfB ist neben dem Präsidenten mit Vorstand Ulrich Ruf, den VfB Direktoren Matthias Huber und Jochen Schneider sowie Marketingchef Jochen Röttgermann vertreten. Die Veranstaltung steht unter der Beobachtung des UEFA-Delegierten Steve Stride aus England, dem der VfB Alfred Schüttler als Betreuer zur Verfügung gestellt hat. Zu den weiteren Gästen zählt unter anderem VfB Ehrenrat Günter Seibold.

Man habe, betont Gerd E. Mäuser bei seiner Begrüßung, im Hinspiel ja bereits die Gastfreundschaft der Norweger im romantischen Molde genießen dürfen und freue sich nun darauf, sich revanchieren zu können. Dolmetscherin Toril Lutz übersetzt. Nur dem englischen Delegierten fällt es naturgemäß etwas schwer, dem deutsch-norwegischen Geplauder zu folgen. Aber das ändert sich schnell nach den Begrüßungsworten beider Seiten. Die Tischgespräche werden in Englisch abgehalten. Nur wenn jemand nicht mehr weiterweiß, muss Toril Lutz noch eingreifen. Der Small Talk ist so angenehm wie das Menü. Nach gut zwei Stunden hebt Gerd E. Mäuser die Tafel auf. Die Geschäfte, entschuldigt sich der VfB Präsident und freut sich schon auf das Wiedersehen am Abend in der VfB Loge. Auch die Gäste sind hochzufrieden. Die Zeit bis zum Anpfiff reicht gut aus, um dem Mercedes-Benz Museum noch einen Besuch abzustatten. Es liegt ja nur auf der anderen Straßenseite. Reisen bildet, der Fußball auch.

Aber der Fußball kann auch nervös machen. Unruhig. Eine ungesunde Unruhe verbreiten, die sich auf dem Feld entwickelt und auf die Ränge abstrahlt. Vor allem, wenn das Spiel nicht nach Plan läuft. Am Abend verliert der VfB 0:1 und ist trotzdem im Glück. Die Gruppengegner Kopenhagen und Bukarest spielten ebenso überraschend 1:1. Der VfB ist Gruppenzweiter und überwintert damit in der Europa League. Dennoch sitzen so kurz nach Spielschluss der Schock und die Enttäuschung tief. Gruppenzweiter und verloren bedeutet null Euro statt 200.000 Euro extra für einen Sieg plus 400.000 Euro für Platz eins in der Gruppe. Finanzvorstand Ulrich Ruf will in der VfB Loge erst einmal nicht sprechen und auch nichts trinken. Er muss sich beruhigen. Zu viele Chancen vergeben, in einem so wichtigen Spiel. Das zehrt an den Nerven. Na ja, ist noch einmal gut gegangen. Aber: 600.000 Euro, einfach weg.

Die Mannschaft auf dem Feld, es ist zu spüren bis unters Tribünendach, wirkt unentschlossen. Das Spiel, okay, war keine große Freude. Aber eigentlich wollen die Spieler das Weiterkommen feiern. Vor exakt zwei Jahren waren sie, mit einem wesentlich größeren Kader, zu Weihnachten doch praktisch schon aus der Bundesliga abgestiegen. Und jetzt haben sie in der Europa League die Gruppenphase überstanden. Und sie tun, was sie immer tun nach ihren Spielen, egal, ob sie gewonnen haben oder eine Niederlage einstecken mussten: Sie gehen in die Cannstatter Kurve. Zu ihren Fans. Es ist der 6. Dezember, Nikolaustag. Die Fans pfeifen. Die Spieler lassen es über sich ergehen.

Kapitel 3

Unter Männern

Macht und Verantwortung

Mittwoch. Sonntag. Donnerstag. Samstag. Und dann das Ganze von vorn. Der Rhythmus des Spiels ist mörderisch. Wer nicht so oft gewinnt und noch seltener gelobt wird, dem stecken Sprints und Zweikämpfe nicht nur in den Knochen. Der Kopf beginnt zu rebellieren. Und ist mal Pause, muss mehr als die halbe Mannschaft zu Länderspielen reisen, die garantiert am anderen Ende der Welt stattfinden. Das nervt. Trotzdem verlieren die VfB Spieler eines nie: ihre – man kann es nur so altmodisch ausdrücken – Höflichkeit. Auch dabei geht der Kapitän mit gutem Beispiel voran. So wie hier, als Serdar Tasci versucht, per SMS einen an ihn herangetragenen Terminwunsch zu erfüllen. Trotz englischer Wochen.

27. Februar 2013, 14.24 Uhr
Hallo, Herr Tasci, ich melde mich wegen des VfB Buchs. Jens Marschall sagte, wir könnten uns morgen (Donnerstag) zum Essen treffen. Wenn Sie mir bis morgen, 10 Uhr, Bescheid geben, reicht mir das. Viel Erfolg heute Abend! Viele Grüße

28. Februar 2013, 01.22 Uhr
Hallo, Herr Schloz, können wir unseren Termin vielleicht auf Montag oder Dienstag verschieben? Würde dann am Sonntag per SMS genau sagen, wann und wo. Gruß Serdar Tasci

28. Februar 2013, 07.21 Uhr
Hallo, Herr Tasci, kein Problem. Geben Sie einfach Bescheid. Glückwunsch zum Halbfinale! Balsam für die Seele. Viele Grüße

28. Februar 2013, 18.00 Uhr
Danke. Alles klar, melde mich dann. Gruß

04. März 2013, 09.21 Uhr
Guten Morgen, Herr Tasci. Wollte mal nachfragen, ob wir zwischen Pokalfieber und Lazio diese Woche noch Zeit finden für einen Buchtermin? Viele Grüße

04. März 2013, 11.43 Uhr
Hallo, Herr Schloz, ist echt schwerer, einen Termin zu finden, als ich dachte. Durch diese englischen Wochen bleibt sehr wenig Zeit übrig. Wie lang würde unser Termin ungefähr dauern? Damit ich das dann irgendwie in meinen Terminkalender reinkriege. Gruß

04. März 2013, 13.08 Uhr
Hallo, Herr Tasci, verstehe ich gut. Ich brauche Sie eine gute Stunde. Freitag kann ich nicht. Bei mir wäre Samstag möglich, aber ich kenne Ihre Vorbereitung auf den Sonntag nicht. Montag ginge auch, egal, wann. Nur so als Vorschlag. Viele Grüße und sorry für die Umstände

04. März 2013, 14.00 Uhr
Nein, kein Problem, Herr Schloz, irgendwie werden wir einen Termin schon hinkriegen. Samstag wird schwer bei mir, weil wir einen Tag vor dem Spiel im Trainingslager sind. O.k., dann machen wir nächsten Montag! Entweder Mittag- oder Abendessen.

04. März 2013, 14.05 Uhr
Würde super passen. Danke!

04. März 2013, 14.08 Uhr
O.k., super, dann nächsten Montag. Uhrzeit klären wir dann kurzfristig. Sagen Sie den anderen Bescheid oder soll ich das machen?

04. März 2013, 14.17 Uhr
Die anderen sitzen im Büro neben mir. Wenn mal alle da sind.

Das schaff ich. Möglicherweise sind die anderen aber im Urlaub, dann schaffen wir beide das auch alleine.

04. März 2013, 14.19 Uhr
O.k., dann bis nächsten Montag. Gruß

11. März 2013, 13.54 Uhr
Hallo, Herr Schloz, wie machen wir das mit unserem Termin? Wie sieht's bei Ihnen aus? Gruß

11. März 2013, 13.59 Uhr
Habe heute um 16 Uhr noch einen Termin und könnte gegen 18.30 Uhr wieder. Richte mich ganz nach Ihnen. Geht natürlich auch später. Nur früher wird's eng. Viele Grüße

11. März 2013, 14.06 Uhr
Ich hatte mit 15.30 Uhr geplant. Da geht's bei Ihnen nicht. Um 19 Uhr hab ich schon einen anderen Termin. Wie machen wir das jetzt? Wann haben Sie morgen Zeit?

11. März 2013, 14.16 Uhr
Ich kann es leider nicht mehr ändern. Sagen Sie wegen morgen, sonst wird es nichts.

11. März 2013, 14.37 Uhr
Machen wir dann morgen, 18 Uhr? Die Adresse vom Restaurant schick ich Ihnen morgen.

11. März 2013, 14.41 Uhr
Super! Vielen Dank. Und sorry noch mal. Bis morgen.

11. März 2013, 14.46 Uhr
Kein Problem. Bis morgen.

12. März 2013, 13.43 Uhr
Rotebühlstraße 53, 70178 Stuttgart, um 18 Uhr. Versuche nach dem Training so schnell wie möglich hinzukommen. Gruß

12. März 2013, 13.51 Uhr
Alles klar, kein Problem. Unser Büro ist zwei Häuser weiter. Bis später. Brauchen Sie einen Tiefgaragenplatz, ca. 100 Meter entfernt?

12. März 2013, 17.58 Uhr
O.k., kennen Sie das also, nein, brauch ich nicht, danke. Fahr jetzt vom VfB los. Bin gleich da.

Auf Empfehlung von Serdar Tasci gibt es eine türkische Gemüse-Lamm-Pfanne. Sehr lecker. Beim Essen ist es mit den Integrationsbemühungen des Deutsch-Türken nicht weit her. Sagt er selbst. Aber wirklich nur, wenn es ums Essen geht.

„Serdar, lass das!"

„Hör endlich auf damit."

„Serdar, du weißt, dass du in der Wohnung nicht Fußball spielen sollst. Du bringst alles durcheinander."

„Lass das Gekicke. Ich nehm dir den Ball weg."

Aber Serdar will nicht hören. Mama Sümbül geht zum Angriff über, macht die Räume eng. Sie wird dieser frechen fünfjährigen Rotznase jetzt den Ball abluchsen. Die beiden jagen lachend durch die Wohnung. Mama kennt aber keine Gnade. Der Ball ist weg, da helfen Serdar auch seine Fußballschuhe nicht. Adidas-Noppenschuhe, schwarz, richtige Kickstiefel, seine ersten. Papa Nihat hat sie ihm geschenkt, sie sind Serdars ganzer Stolz. Und der Kleine weiß sich zu helfen. Wie immer, wenn Mama den Zweikampf gewonnen hat, macht er sich an seine Socken ran, formt sie zum Ball – und kickt weiter.

„Serdar, Finger weg von den Socken!"

Ja, der kleine Tasci braucht Auslauf und Bewegung. Nihat, der fußballbegeisterte Papa, nimmt seinen Sohn mit zum SC Altbach und meldet ihn an. Zwei Jahre kickt er dort, ein bisschen besser als die meisten anderen. Papa schickt ihn zu den Stuttgarter Kickers. Auch dort spielt er zwei Jahre, unbeschwert und gut, weshalb ihn sein Weg zwangsläufig – Serdar kommt schon in die D-Jugend – zum VfB Stuttgart führt. Das Leben ist ein Volltreffer, Serdar ist glücklich, Hauptsache, er kann Fußball spielen. Aber dann geschehen plötzlich Dinge, mit denen er nicht gerechnet hat, die ihn nachdenklich machen. Der VfB wechselt am Ende der Saison in den Jugendmannschaften regelmäßig zwei, drei Spieler aus. Sie werden regelrecht aussortiert und durch andere ersetzt. Seine Kumpel! Freunde, mit denen er jahrelang zusammengespielt hat, dürfen plötzlich nicht mehr mitmachen. Das verursacht ein komisches Gefühl, und natürlich dauert es nicht lange, bis er sich fragt: „Und was ist, wenn sie plötzlich mich nicht mehr mitspielen lassen?"

So lernt Serdar Druck kennen. Natürlich weiß er das nicht. Er macht sich seinen eigenen Reim darauf. Er nennt es „seine Hürden", die er am Ende eines Jahres nehmen muss. Den Sprung ins Fußballglück, um weitermachen zu dürfen. Er bleibt am Ball, entwickelt Ehrgeiz, arbeitet hart. Er will nicht aussortiert werden. Um mehr geht es gar nicht.

Auch in der Schule ändert sich die Welt. Mitschüler, türkische Moslems wie er, bekommen Probleme mit der Sprache, mit dem Lehrstoff, mit anderen Schülern. Er kennt das nicht, und er realisiert wieder einmal, wie viel Glück er im Leben hat. Seine beiden älteren Schwestern Arzu und Ebru haben schon immer hervorragend deutsch gesprochen, dafür haben die Eltern gesorgt. Er hatte noch nie Probleme mit der Sprache. Und mit deutschen Jungen schon gar nicht. Seine besten Freunde sind schon seit Kindergartentagen Deutsche. Er geht bei ihnen zu Hause ein und aus. In allen Fußballmannschaften, in denen er bisher spielte, da kamen die Kumpel auch aus allen möglichen Ländern. Jeder benahm sich ein bisschen anders. Es war ein wildes Durcheinander. Serdar fand das immer interessant. Also versucht er, in der Schule zu vermitteln und zu helfen. Manches versteht er auch nicht: Warum wollen Türken immer nur mit Türken und Griechen immer nur mit Griechen zusammen sein? Das ist doch falsch. Serdars Welt ist größer. Im Leben und im Fußball.

„Schau nur, wie Maldini die Situation gelöst hat." Papa Nihat und Sohn Serdar sitzen an Europapokal-Abenden immer gemeinsam vor dem Fernseher. Ihre größte Aufmerksamkeit gilt den Verteidigern. Paolo Maldini, Legende vom AC Mailand. Sie verfolgen seine Bewegungen, analysieren sein Spielverständnis. Maldini ist nicht der Einzige, der unter Beboachtung steht. Da ist ja auch noch Fabio Cannavaro, Juventus Turin, Real Madrid, der Beste von allen. Nur 1,76 Meter groß, unglaubliche Strafraumbeherrschung. Italiens Rekordnationalspieler, Weltmeister und Weltfußballer 2006. Weltfußballer als Innenverteidiger! Das gibt es doch praktisch gar nicht. Serdar will nicht sein wie sie, aber er will von ihnen lernen. Will sehen, wie sie sich in schwierigen Situationen verhalten, wie sie Probleme lösen. Er schaut genau hin und diskutiert mit dem Papa.

Ein Fehler kann das nicht gewesen sein. Serdar nimmt jedes Jahr seine Hürden. Mit der B-Jugend des VfB wird er Deutscher Meister. Mit der A-Jugend des VfB wird er auch Deutscher Meister. Zur Belohnung dürfen die jugendlichen Helden des Vereins eine Einheit bei Trainer Giovanni Trapattoni mit den Profis trainieren. Serdar ist nervös, mein Gott, der Bub ist 17 Jahre jung. Aber es entwickelt sich etwas an diesem Tag. Er schnuppert Bundesliga-Luft, die süß schmeckt und Begehrlichkeiten weckt, die er so konkret bisher gar nicht kannte. Er stellt für sich fest: „Okay, das kann ich packen." Ja, er will Profi werden. Natürlich will jeder Knirps Profifußballer werden, ganz egal, in welchem Verein er spielt. Bei ihm war das nicht anders. Nur, das ist eben so ein Traum, den man hegt, mal stärker, mal schwächer, ohne genau darüber nachzudenken. Aber jetzt ist das anders. Ganz plötzlich, nach einer Einheit unter Trapattoni. Der Traum wandelt sich zu einem ernsthaften Berufswunsch.

Wie alle talentierten Nachwuchsspieler kommt Serdar Tasci zuerst zur U23 des VfB, um sich in der 3. Liga zu beweisen. Und wieder empfindet er dieses Riesenglück, dieses Privileg, immer zur richtigen Zeit am richtigen Ort zu sein. Ganz so, als habe es mit ihm, mit dem, was er leistet, nichts zu tun. Cheftrainer Armin Veh holt ihn nach einem Jahr zu den Profis. Der Trainer mag den jungen Kerl, spricht davon, dass er schon viele Profis erlebt habe. „Aber noch keinen wie Serdar", sagt Veh. Tasci wird sofort Stammspieler in der Innenverteidigung. Ein Jahr später feiert er die Deutsche Meisterschaft. Das letzte Spiel zu Hause gegen Cottbus, die Wahnsinnsparty anschließend in der Innenstadt – er wird das nie vergessen. Es ist der schönste Tag in seinem Leben. Serdar Tasci schwebt durch Raum und Zeit. Irgendwann, in einer ruhigen Minute, zählt er zusammen: Deutscher Meister mit der B-Jugend, Deutscher Meister mit der A-Jugend, zwei Jahre später Deutscher Meister mit den Profis. Er denkt: „Das kann immer so weitergehen."

Serdar Tasci, 20, Jungprofi, lernt schnell, dass es nicht immer so weitergeht.

Armin Veh, Markus Babbel, Christian Gross, Jens Keller, Bruno Labbadia. Fünf Trainer. In sieben Jahren als Profi. Das ist eine Menge Holz, auch für Serdar Tasci. Der Kapitän kann das alles nachvollziehen, sie als Mannschaft haben ja kräftig mitgewirkt an dieser Entwicklung. Wenn er zurückblickt, hat sich diese Eigenart eigentlich schon in der Meistersaison abgezeichnet. Damals, 2007, starteten sie mit einem 0:3 zu Hause gegen Nürnberg. Nach dem dritten Spieltag und einem 1:3 gegen Dortmund – Serdar Tasci hatte sein erstes Bundesliga-Tor geschossen – lagen sie auf Platz 15. Sie fingen sich dann schnell und wurden Meister. Aber der schlechte Start weitete sich von da an zu einer schlechten Vorrunde aus. Ein Phänomen, das Jahr um Jahr auftritt, in der Mannschaft immer wieder diskutiert wird, ohne eine Lösung zu finden – und ein Ärgernis, das regelmäßig den Trainer den Job kostet. Jedes Mal, mit jedem neuen Trainer, starteten sie in der Rückrunde eine unglaubliche Aufholjagd, rollten das Feld von hinten auf. Aber trotzdem: So oft in so kurzen Abständen mit einem neuen Trainer zu arbeiten kommt immer einem Neubeginn gleich. Weil Trainer auch nur Menschen sind, mit einer eigenen Einstellung, mit einer eigenen Strategie und einer Taktik, die mit der ihres Vorgängers in aller Regel wenig gemein hat. Für Serdar Tasci und seine Kollegen bedeutet das, sich immer wieder neu einstellen zu müssen. Monatelange Trainingsarbeit steckt hinter dem Ziel, die Vorstellungen eines Trainers vollständig umsetzen zu können. Und beim VfB bedeutete dies jahrelang: Kaum hatte die Mannschaft den Trainer verstanden und sein Konzept auf dem Feld wirkungsvoll umgesetzt, kam der nächste. Mit einer neuen Einstellung, mit einer neuen Taktik und Strategie, und alles begann von vorn.

Das alles könnte der Kapitän als gestandener Profi noch akzeptieren, wenn da nicht diese andere Sache wäre, die ihn als VfB Urgewächs erheblich stört. So viele Trainer in einer so kurzen Zeit vermitteln nach außen den Eindruck, als habe die Mannschaft keinen Charakter. Und das, da ist sich der Kapitän ganz sicher, stimmt überhaupt nicht. In all den Spielzeiten, in denen sich der VfB angewöhnt hat, die erste Halbserie konsequent in den Sand zu setzen, gab es nur eine wirklich kritische Situation. Vor zwei Jahren hatte der VfB nach Ende der Vorrunde zwölf Punkte. Man musste wirklich kein Mathematikgenie sein, um zu wissen, dass der Klassenerhalt damit praktisch nicht mehr zu schaffen war. Sie benötigten aus den restlichen 17 Spielen ja weit mehr als das Doppelte, um in der Bundesliga zu bleiben. Die Voraussetzungen schienen denkbar schlecht. Es kriselte gewaltig im Kader. Man kann nicht sagen, dass sich die Spieler feindlich gegenübergestanden wären damals. Aber jeder hatte hauptsächlich mit sich selbst zu tun. Sie waren kein Team mehr. Das muss er zugeben. Dann kam Bruno Labbadia, sie haben sich zusammengerissen und versucht, vernünftig miteinander zu reden. Wir müssen uns selbst aus dieser Scheiße rausziehen, haben sie sich gesagt. Los, versuchen wir alles. Hat ja dann auch geklappt. Zum Glück.

Diesmal spielen sie eine ganz eigenartige Saison. Tasci weiß auch nicht so recht, was er davon halten soll. 25 Punkte haben sie in der Vorrunde geholt. Für VfB Verhältnisse, wenn er das jetzt mal mit den vergangenen Jahren vergleicht, ist

Beziehungskisten

***Herr Tasci, die Mannschaft geht nach jedem Spiel in die
Cannstatter Kurve zu den Fans. Das ist ja nicht immer ein Spaß.***
Was meinen Sie?

***Na, Sie gehen auch dahin, wenn Sie verloren haben.
Und Sie werden beschimpft.***
Ist doch klar, dass unsere Fans enttäuscht sind,
wenn wir verloren haben.

***Spieler aus früheren Generationen haben gesagt,
sie würden das nicht machen. Denn wenn du ein Heimspiel
verloren hast, bist du eh angefressen. Da gehst du
doch nicht auch noch in die Kurve und lässt dich beschimpfen.***
Wir stellen uns eben.

Stellen für was?
Wir brauchen die Fans. Als Spieler merkst du natürlich,
was da in der Cannstatter Kurve abgeht. Und wenn sie uns anfeuern,
gewinnen wir mehr Spiele. Das ist meine volle Überzeugung.
Und wenn wir nach einer Niederlage dahin gehen, ist das auch
eine Geste, eine Entschuldigung: Jungs, hat leider nicht
geklappt. Aber beim nächsten Mal, mit eurer Hilfe, wird es wieder besser.
Deshalb gehen wir dahin.

Aber sie beschimpfen euch.
Wie gesagt, dass sie wütend sind, ist doch klar.
Nur beleidigen sollten sie uns nicht.

das ja eine optimale Ausbeute. Und sie sind noch in drei Wettbewerben dabei, nur sie und die Bayern. Aber dafür läuft es jetzt in der Rückrunde in der Bundesliga nicht. Die Zuschauer sind unzufrieden, trotz der drei Wettbewerbe, aber irgendwie kann er das verstehen. Sie würden selbst gern besser spielen. Aber im Fußball gibt es eben ein paar Dinge, die klingen immer wie eine Ausrede, und trotzdem lassen sie sich nicht wegdiskutieren. Denn wenn du einen Lauf hast, dann ist das eine ganz andere Mannschaft. Da hast du 17 Spieler. Also alle, die auf der Bank sitzen, auch noch – und das geht bis zum Zeugwart. Alle glauben, dass du sowieso gewinnst. Ganz egal, was du machst. Und so spielst du dann auch, selbstbewusst. Und natürlich gewinnst du.

Aber wehe, es läuft nicht. Es gelingt gar nichts mehr. Du schaust deine Mitspieler an und siehst schon an der Körperhaltung: kein Selbstvertrauen. Die erfahrenen Spieler führen dann Gespräche, versuchen, die anderen wieder aufzubauen. Aber mit dem Selbstvertrauen ist das so eine Sache. Bekommst du nur durch Erfolg. Und jetzt, Mitte der Rückrunde, kommen sie einfach nicht rein in diesen Lauf, den sie in der Vergangenheit immer wieder hatten und der ihnen Dampf machte. Er will sich nicht rausreden, aber wenn dein Gegner 25 Pflichtspiele hinter sich hat und du selbst schon 40, dann spürst du das. So ab der 70. Minute. Es fällt dir alles schwerer, du musst dich gewaltig zusammenreißen, da passiert dann schnell mal ein Fehler. Die Bundesliga ist da gnadenlos, Fehler werden sofort bestraft. Sie sind ja nicht die Bayern mit einem unerschöpflichen Reservoir an erstklassigen Spielern. Wenn Bruno Labbadia von einem Spiel zum anderen zwei Positionen wechselt, ist das für VfB Verhältnisse eine Megarotation. Denn der Kader ist ein bisschen dünn. Sie haben ja immer wieder wichtige Spieler abgeben müssen in den letzten Jahren, versteht er ja auch. Er findet es ja gut, dass der VfB finanziell gesund ist. Ist ja sein Verein, aber die Personaldecke macht es eben auch schwierig. Dass sie es können, haben sie ja gezeigt, in Genk, in Bukarest oder neulich in Hoffenheim. Wenn sie da verloren hätten, dann wäre es in der Bundesliga nach hinten noch mal eng geworden. Aber sie haben gewonnen. Weil die Mannschaft Charakter hat. Nur in den Lauf kommen sie nicht rein.

Dennoch, er sieht eine Entwicklung in den vergangenen zwei Jahren. Er war froh, als Bruno Labbadia seinen Vertrag verlängert hat. Und in der

Mannschaft stimmt es untereinander. Kann er als Kapitän sagen. Da werden auch die Neuen immer gut aufgenommen. Die Japaner zum Beispiel. Shinij Okazaki und Gotoku Sakai haben ständig einen Dolmetscher dabei. Muss auch sein. Go spricht ja schon ganz gut deutsch. Aber Shinij. Eigentlich gar nichts. Und mit Englisch tut er sich auch schwer. Als die zwei kamen, haben sie innerhalb der Mannschaft gesagt: Ja, was machen wir denn mit denen? Das wird doch nix. Sie haben die zwei dann zum Essen mitgenommen und so. Verständigt mit Händen und Englisch. Jetzt sind das aber total nette Kerle. Immer fröhlich, immer gut gelaunt. Shinij kannst du im Training abgrätschen, wie du willst. Er steht auf und lacht. Er als Kapitän hat davor einen Riesenrespekt. Und in die Hierarchie fügen sich die beiden auch gut ein.

Überhaupt die Hierarchie, die ist wichtig. Fußball ist keine Basisdemokratie. Als junger Spieler fängst du ganz unten an. Du hast nix zu sagen. Als er anfing, waren die erfahrenen Spieler Fernando Meira, Matthieu Delpierre, Timo Hildebrand, Pavel Pardo und Cacau. Meira war Kapitän, der Kopf der Mannschaft, dann kommt der Spielerrat, dann die anderen und ganz unten die Jungen. Er, Tasci, hatte noch Glück, wurde gleich Stammspieler. Da haben sie ihn in Ruhe gelassen. Man darf eben keine Fehler machen. Wer glaubt, er stehe nicht mehr unten, wenn er zweimal gespielt hat, also das ist ein Riesenfehler. Egal, ob du dich bewusst oder unbewusst mit den Etablierten anlegst, du merkst ganz schnell, dass du einen riesigen Fehler gemacht hast. Die sagen nur zwei, drei Sätze, in der Kabine oder beim Training. Du weißt dann sofort wieder, wo du hingehörst.

So ging es ihm früher, und so geht es jetzt Antonio Rüdiger oder Raphael Holzhauser. Natürlich helfen die erfahrenen Spieler den Jungen. Gerade er als Kapitän, er hat ja Verantwortung. Braucht er auch, das spornt ihn an, gibt ihm noch mehr Selbstvertrauen. Für manche Spieler ist die Binde ja eine Last. Bei ihm ist das nicht so, im Gegenteil. Die Kapitänsbinde gibt ihm das Gefühl, noch dominanter sein zu müssen. Eine Rolle, für die man lange gearbeitet hat und für die man jeden Tag etwas bringen muss. Er war in der A-Jugend schon Kapitän. Als ihm der Trainer damals bei den Profis das Amt übergeben hat, war er sehr stolz. Er hat sofort seine Eltern angerufen.

Auch als ihn der DFB damals zum Integrationsbotschafter machte, empfand er das als große Ehre und sagte sofort zu. Er kannte die Probleme ja aus seiner Jugend. Nicht bei sich selbst, er hatte ja Glück mit der Familie und seinen Freunden. Aber bei anderen hat er es gesehen. Jetzt geht er ab und zu in Schulen, gibt Erfahrungen weiter, erzählt aus seinem Leben und wie man es schaffen kann, Fußballprofi zu werden. Hinstellen, Verantwortung übernehmen, für ihn ist das ein Ansporn. Und so übernimmt er auch die Rolle als erster Ansprechpartner für den Verein, wenn es zum Beispiel um Prämienregelungen geht. Auch intern hat er das Wort. Sie führen ja einen Strafenkatalog. Wenn einer zu spät kommt, sagt er nix. Der Spieler muss eben zahlen, das tut mehr weh. Aber Georg Niedermeier führt genau Buch. Und die Liste hängt in der Kabine an der Pinnwand. Sollte ein Name da auffällig oft auftauchen, geht er zu dem Kollegen hin und sagt ein paar passende Worte: „Hör zu, so geht das nicht. Mit Bezahlen ist jetzt Schluss, beim nächsten Mal gibt es eine härtere Strafe."

Ja, so ist das beim VfB, seinem VfB. Der Verein ist für ihn schon etwas Besonderes. Seit der D-Jugend spielt er hier, ist praktisch erwachsen geworden mit dem Klub, hat den VfB im Blut. Ist dankbar für jeden Tag. Ehrlich, hat ja noch nie irgendwo anders gespielt, kennt nix anderes, kann sich nur schwer vorstellen, in Deutschland überhaupt irgendwo anders zu spielen. Ausland, das ist was anderes. Man sagt ja, 27 ist das beste Fußballeralter. Er ist jetzt 25 Jahre alt. Mal sehen, was noch passiert in seiner Karriere. Aber andererseits, wenn er an Paolo Maldini denkt. 20 Jahre AC Mailand, eine Legende. Warum soll er nicht 15 Jahre für den VfB spielen? Vielleicht wird er in seinem Klub dann ja auch so etwas Ähnliches. Ein schöner Gedanke ist das. Jedenfalls denkt er nie darüber nach, ob er woanders mehr Erfolg hätte. Seine Aufgabe ist es, mit dem Kader, der da ist, das Bestmögliche zu erreichen. Und das versucht er auch in diesem Jahr, allen Schwierigkeiten zum Trotz. Du darfst dich nicht hängen lassen, es geht immer weiter im Fußball. In der Bundesliga sieht es zwar nicht so rosig aus, aber mal ehrlich, im DFB-Pokal, da können wir noch ins Finale kommen. Das wäre doch Wahnsinn. Die meisten von uns kennen das doch nicht, Finale. Berlin, wäre echt Wahnsinn.

Das Prinzip Ordnung

„Dürfen wir kurz stören?"
Bruno Labbadia: „Kommen Sie ruhig rein."
„Das ist also Ihr Büro?"
Bruno Labbadia: „Na ja. Eines von zweien. Es gibt unten noch eine Trainerkabine."
„Und das Gemälde da?"
Bruno Labbadia: „Welches Gemälde?"
„Na, hinter Ihnen. Das zeigt doch die Meisterschale."
Bruno Labbadia: „Ach das. Ja. Ist mir noch gar nicht richtig aufgefallen. Das hing schon da, als ich hier angefangen habe."

Morgens um halb acht sind die Brötchen noch warm. Michael Meusch machte wie immer auf dem Weg zur Arbeit noch einen Schlenker zum Bäcker. Wer rechtzeitig kommt, kann hier sogar noch in Ruhe frühstücken. Meusch hat alles hergerichtet. Das ist sein Job: herrichten, vorbereiten, bereitstellen, waschen, alles nach Plan, alles an seinem Platz, alles zur rechten Zeit. Alles in der richtigen Größe. Wenn einer die Maße der Spieler genau kennt, im Schlaf, dann er. Das fängt bei der Rückennummer an und endet bei der Schuhgröße. Und wenn ein Profi über Probleme mit einem eitrigen Nagel klagt oder über eine Druckstelle an der Ferse – Micha weiß Bescheid. Alles Routine.

Meusch ist der Zeugwart des VfB Stuttgart. Er und sein Kollege Kostas Papandrafillis. Der Kabinentrakt im Klubzentrum ist ihr Reich. Hier schafft das Duo die Voraussetzungen für ein makelloses äußeres Erscheinungsbild des VfB im Spiel und im Arbeitsalltag. Sie sind Teil des Teams, das den Laden am Laufen hält, das dafür sorgt, dass sich die Spieler im Training frei entfalten können und durch nichts unnötig aufgehalten werden, dass sie sich wohlfühlen, sich konzentrieren, ihre Leistung abrufen, aus Fehlern lernen und sich entschlossen auf den nächsten Gegner vorbereiten können. Das Team besitzt Mannschaftsstärke und sorgt für alles außer den nötigen Toren. Neben Meusch und Papandrafillis wirken im Team außerdem:

- **Bruno Labbadia, Cheftrainer**
- **Erdnic „Eddy" Sözer, Co-Trainer**
- **Andreas Menger, Torwarttrainer**
- **Dr. Christos Papadopoulos, Konditionstrainer**
- **Ralph Herkommer, Mannschaftsbetreuer**
- **Professor Dr. Dr. Heiko Striegel, Mannschaftsarzt und Internist**
- **Dr. Raymond Best, Mannschaftsarzt und Orthopäde**
- **Gerhard Wörn, Therapeut**
- **Detlef Müller, Therapeut**
- **Manuel Roth, Therapeut**
- **Michael Lang, Psychologe und Mann im Hintergrund**
- **Mathias Munz, Leiter Abteilung Spielanalyse**
- **Matthias Borst, rechte Hand von Eddy Sözer bei der Aufbereitung der Spiel- und Gegneranalyse.**

Der Dienstbeginn für das Begleit- und Führungspersonal liegt irgendwo zwischen 7.30 Uhr und 8.30 Uhr. Das Training beginnt um 10 Uhr. Eine Stunde vorher müssen die Spieler anwesend sein. Aber egal, wer wann kommt, Michael Meusch ist schon da. Fein säuberlich drapiert er die Stapel mit Leibchen und Hosen für jeden Spieler. Hauptsache griffbereit. Auf der endlos langen Garderobenstange am Kabinenausgang hängen wie bei Breuninger in der Auslage Regenkittel und Trainingsjacken. Der Zeugwart ist auf alles vorbereitet. Auch auf jedes Wetter.

Ja, an der Wade ist was. Die Finger von Manuel Roth streichen vorsichtig über die Druckstelle, die Georg Niedermeier schon kurz nach acht Uhr am Morgen in den Behandlungsbereich geführt hat. Kein Grund zur Panik, nichts Ernstes. Der Physiotherapeut weiß das, und der Verteidiger weiß es auch. Aber es fühlt sich besser an, genau zu wissen, dass da nichts ist, wo vielleicht was sein oder sich etwas Unerfreuliches entwickeln könnte. Kein Mensch sucht wegen so etwas einen Physio auf. Fußballer schon. Sie müssen jeden Tag Zweikämpfe gewinnen. Und das klappt nur mit einem Körper, dem man sich zu 100 Prozent sicher sein kann, und nicht mit einem Kopf, der einen permanent daran erinnert, dass da an der Wade was sein könnte. Deshalb liegt Georg Niedermeier morgens kurz nach acht auf der Behandlungsliege, deshalb massiert Manuel Roth die Wade und beruhigt die Nerven.

Präventive Wohlfühleinheiten machen einen Großteil der Arbeit der Physios aus. Der ganze Behandlungsbereich gestaltet sich als perfekte Mixtur aus medizinischer und seelischer Fürsorgepflicht. Behandlungsliegen, Kaltwasser-Tauchbecken, Messgeräte für Körperfettanalysen, Waage, Entmüdungsbecken und ein Stangerbad, in dem der in Wasser eingelegte Körper mit konstantem Gleichstrom durchflutet wird, harmonieren hier prächtig und sind doch durch Sichtschutz- und Glaswände getrennt, um eine intimere Atmosphäre zu schaffen. Es ist auffallend warm, und mit Erinnerungen an große Siege soll die Motivation zusätzlich angeheizt werden. „… die Schwaben führen in der 52. Minute mit 2:0 … und nicht gegen irgendwen, nein, gegen die Übertruppe von Manchester United … das ist der Wahnsinn." So was liest sich gut auf einer Glaswand. Die Wände zieren Poster vom Freeclimbing, Surfen, Snowboardfahren und vom American Football. Es gibt keine Poster vom Synchronschwimmen und vom Eiskunstlauf. Hier befindet man sich unter Männern.

Eine kleine Oase im Dschungel des Profifußballs, nennt das Gerhard Wörn. Für den dienstältesten Therapeuten ist der Behandlungsbereich die einzige neutrale Zone auf dem ganzen Klubgelände. Kein Konkurrenzkampf, keine Grüppchenbildung, hier kämpft keiner um seinen Stammplatz. Hier können Spieler herkommen und auch mal eine Schwäche zeigen, ohne dass die Geschichte gleich unter den Kollegen die Runde macht. Denn sie, die Physios, sind für die Gesundheit der Spieler zuständig. Und auf der Liege sind alle gleich.

Solche Vergleiche kann nur ein Exprofi ziehen. Gerhard Wörn massiert seit 1990 Waden- und Rückenmuskulatur der VfB Spieler und hat seither zwei Spiele versäumt. Aber im Grunde ist er ja schon immer einer vom VfB. Schon in der Jugend hat er auf dem Wasen gekickt. Und als in Stuttgart die Euphorie um Trainer Jürgen Sundermann begann, war er mittendrin. Zwischen 1975 und 1977 bestritt er 27 Zweitliga-Spiele und feierte 1977 die Meisterschaft in der 2. Liga Süd und damit den Wiederaufstieg in die Bundesliga. Nach dem Aufstieg aber ging er zurück in die Amateurmannschaft, ungefähr vergleichbar mit der heutigen U23. Dort feierte er mit dem VfB Anfang der 80er-Jahre einen Titel, den es heute gar nicht mehr zu gewinnen gibt. Er wurde Deutscher Amateurmeister, weil die Meister der 3. Ligen damals parallel zu den Profis noch ihren Champion ausspielten. Außerdem bestritt er zwei Amateurländerspiele.

Gerhard Wörn weiß, was es heißt, im Konkurrenzkampf zu stehen. Und er weiß, dass dieser Konkurrenzkampf im Behandlungsbereich nichts zu suchen hat. Dass die Spieler ihre bevorzugten Physios haben, ist eine Sache, aber umgekehrt darf das nicht sein. Wenn ernsthaft angeschlagene Spieler wieder fit gemacht werden sollen, gelten andere Regeln. Dann erhalten sie eine bevorzugte, intensivere Behandlung. Im Alltag jedoch darf nie der Eindruck entstehen, es werde einer besser bedient als der andere. Das Verhältnis untereinander muss stimmen, viel zu sensibel ist die Lage, wenn es um verhärtete Muskeln, gereizte Bänder oder schmerzhafte blaue Flecken geht, die durch Schläge des Gegners verursacht wurden. Und so versuchen Gerhard Wörn und Kollegen, alles aus dem Behandlungsbereich fernzuhalten, was direkt mit dem sportlichen Erfolg oder Misserfolg des Einzelnen und der Mannschaft zu tun hat. Nicht immer gelingt das. Vor zwei Jahren lag die Angst vor dem Abstieg auch auf den Behandlungsliegen, und die Atmosphäre war extrem angespannt. Es ging um die Existenz des Vereins, und die Physios wussten: Steigen wir ab, sind die Spieler fort, aber wir bleiben da.

Und so tun die drei alles, damit so etwas nicht wieder passiert, schaffen wie alle anderen im Hintergrund Voraussetzungen, zehn bis zwölf Stunden am Tag. Sie massieren und behandeln, kleben täglich rund 100 Meter Tape auf kritische Stellen, sie kümmern sich um Getränke. Die Flaschendeckel in den Sprudelkisten müssen mit den Rückennummern beschriftet, die Kühlbox gefüllt, das Obst mundgerecht aufbereitet und die Befüllung der mannshohen Kühlschränke mit Getränken kontrolliert werden. Es sind zwei Kühlschränke. Auf dem einen steht: „Vor dem Training." Auf dem anderen: „Nach dem Training."

Gerhard Wörn wird sich jetzt, früh am Morgen, um Rani Khedira kümmern. Intensiv. Der hoffnungsvolle Nachwuchsspieler, Bruder von Sami Khedira, leidet unter muskulären Problemen. Mit der Arbeit auf der Liege ist es da nicht getan. „Ich geh", sagt Wörn, „nachher mit Rani laufen."

Passione. Rispetto. Volonta. Sincerita. Vier große Worte, italienisch, aufgemalt auf ein quadratisches Bild, das fast beiläufig in der Ecke des kleinen Büros von Bruno Labbadia steht.

Leidenschaft. Respekt. Wille. Aufrichtigkeit.

Der moderne Fußball bedient sich gern solcher Begriffe, als müsste er die Französische Revolution noch einmal gewinnen. Diese Begriffe ölen die Maschinerie aus Mannschaft und Trainerstab, um die Reibungsverluste so gering wie möglich zu halten. Sie bilden einen Schmierfilm, der dafür sorgt, dass nicht alles aus den Fugen gerät. Sie dienen als Leitlinien und Orientierungshilfen einerseits und drücken andererseits die pure Sehnsucht aus, sich in diesem verdammten Spiel, bei dem es um viel Glück und noch mehr Geld geht, an irgendetwas halten zu können. Und sei es nur an die eigene Würde. Diese Worte gehören zum mentalen Teil des Ordnungsprinzips, das den Fußball mehr und mehr beherrscht. Eine Ordnung, die nach dem Training mit der korrekten Rückgabe der dreckigen Stutzen (nicht links herum!) beginnt, sich in den an der Kabinenwand festgelegten Verhaltensregeln für die Spieler manifestiert, sich in der Hierarchie innerhalb des Kaders fortsetzt, die sich im alltäglichen Trainingseifer wiederfindet und die in der Umsetzung einer klaren Spielphilosophie des Trainers ihre Tauglichkeit unter Beweis stellen muss. Eine Ordnung, die die Hoffnung bestätigen soll, dass sich Erfolg – irgendwie und irgendwo – tatsächlich planen lässt. Bis zu einem gewissen Punkt wenigstens, unabhängig von allen finanziellen Mitteln. So klar und konsequent muss diese Ordnung eingehalten werden, dass sie allen Widerständen trotzt. Da ist ja nicht nur der Gegner, der sie Spiel für Spiel zu zerstören versucht. Da ist der Spieler, der seinen Trainer braucht, obwohl er glaubt, dass er ihn nie aufstellen wird. Da sind die Mitspieler, die aufeinander angewiesen sind, aber in jedem einen potenziellen Konkurrenten sehen. Und da ist der Trainer, der seine Mannschaft führen und beherrschen muss. Aber gleichzeitig ist die Länge seines Arbeitsverhältnisses abhängig von den Leistungen, Launen und Ergebnissen seiner Spieler. Die Halbwertzeit eines Übungsleiters liegt beim VfB, nimmt man die letzten sieben Jahre als Maßstab, unter eineinhalb Jahren.

Leidenschaft. Respekt. Wille. Aufrichtigkeit.

Das muss jeder bringen, daran muss sich jeder halten. Und dass die Begriffe nicht an der Wand hängen, sondern bei Bruno Labbadia im Büro als Gemälde auf dem Boden stehen, liegt an einer höheren Macht: an der Wand hängt ein Gemälde der Meisterschale. Die hängt niemand ab. Um sie geht es schließlich irgendwie, ganz egal, wie weit man davon entfernt ist, sie gewinnen zu können. Wer sie abhängt, gibt auf, zeigt Schwäche, gar einen Anflug von Resignation. Die Meisterschale. Für sie, für den Erfolg, macht man das doch alles.

Leidenschaft. Respekt. Wille. Aufrichtigkeit.

Man muss sich das immer wieder vor Augen führen. Denn der Alltag verläuft weit weniger pathetisch, als es die Begriffe glauben machen.

Schon um 7.30 Uhr strampelte der Trainer im Klubzentrum auf einem Hometrainer und verfolgte nebenher das Video eines Bundesliga-Spiels vom Wochenende. Die Konkurrenz steht immer unter Beobachtung. Jetzt, nachdem der Mann mit dem italienischem Blut seinen Bewegungsdrang befriedigt hat, umgibt ihn wieder die Enge des Büros. Flipchart in der Ecke, Flatscreen, auf dem Schreibtisch liegt das *kicker*-Sonderheft zwischen Müsliriegel, einer Wasserflasche, Telefon, Computer und dem Mousepad in VfB Optik. Erster Gast des Tages ist Prof. Dr. Dr. Heiko Striegel. Marc Ziegler, Torwart Nummer zwei, hatte sich am Morgen telefonisch mit einer starken Erkältung bei dem Internisten gemeldet, worauf ihn der Arzt direkt in seine Praxis im Haus des Sports einbestellte, das sich nur einen Steinwurf vom VfB Vereinsgelände entfernt befindet. So blieb Ziegler der Weg in die Kabine erspart, er konnte keinen Kollegen anstecken, und Striegel checkte die Blutwerte des Torwarts in aller Ruhe durch. Er schickte ihn wieder nach Hause.

Und was Cacau betrifft: Das hintere gerissene Kreuzband entwickelt sich so, wie erwartet. Die Entscheidung, auf eine Operation zu verzichten, war richtig. Das Problem ist nur: Das in Mitleidenschaft gezogene Innenband, eigentlich das kleinere Problem, macht richtig Schwierigkeiten. Es wird auf jeden Fall länger dauern als erwartet. Alles in allem aber, bestätigt Striegel den Trainer in seiner Arbeit, stellten er und Kollege Dr. Raymond Best immer wieder fest, handle es sich um eine verletzungsarme Saison. Vor allem Schäden durch Überlastung, die sich durch Probleme der Adduktoren und durch Muskelbeschwerden bemerkbar machen, seien im Grunde nicht festzustellen.

Der Dialog mit der medizinischen Abteilung gehört als fester Bestandteil zur Trainingsvorbereitung. Die Statusberichte über verletzte und angeschlagene Spieler dienen dabei der reinen Information. Wichtig für die tägliche Arbeit des Trainers ist eher der allgemeine Zustand der Mannschaft. Gibt es bei auftretenden Beschwerden Tendenzen, denen man durch gezielte Maßnahmen im Training entgegenwirken kann? Ist eine kraftraubende Einheit aktuell überhaupt sinnvoll oder müssen noch mehr regenerative Elemente eingebaut werden? Solche Entscheidungen können nach den Gesprächen mit den Medizinern, gepaart mit dem Eindruck, den der Trainerstab von der Mannschaft gesammelt hat, leichter getroffen werden. Bruno Labbadia arbeitet mit seinem Stab zwar grundsätzlich immer das Training für eine ganze Woche aus. Dennoch lassen sich die Übungsleiter die Möglichkeit offen, schnell auf besondere Entwicklungen reagieren zu können.

Aktuell klagen zwar keine Spieler über Beschwerden oder Verletzungen, die auf Überlastung schließen lassen, dennoch stößt die Mannschaft unübersehbar körperlich und geistig an ihre Grenzen. Der Tanz auf den drei

Der Dialog mit der medizinischen Abteilung gehört als fester Bestandteil zur Trainingsvorbereitung. Müssen wir die Pläne ändern?

Hochzeiten – Bundesliga, DFB-Pokal, Europa League – hat Spuren hinterlassen, vor allem in der Bundesliga. Der VfB kommt in der Rückrunde nur schwer in Tritt, die Teilnahme am europäischen Geschäft ist kaum noch zu schaffen. Zudem steht die Mannschaft wegen mangelnder Erfolge und einer eher unattraktiven Spielweise in der Kritik. Eine viel zu harte Kritik, findet der Trainer, weil die Mannschaft in den Pokalwettbewerben, national und international, das Soll bei Weitem überschritten hat. Das vorrangige Ziel ist, so hat es auch Manager Fredi Bobic intern formuliert, die Konzentration für alle drei Wettbewerbe hoch zu halten.

Das erfordert momentan regenerative Maßnahmen im Training, gepaart mit dem Bemühen, ein positives Gefühl in die Mannschaft tragen. Dafür braucht Bruno Labbadia seine Verbündeten, und die sitzen im Mannschaftsrat.

Dessen Zusammensetzung hat sich seit der Wahl an Weihnachten wieder leicht geändert. Martin Harnik ist auf eigenen Wunsch raus, dafür gehören jetzt Vedad Ibisevic und Cristian Molinaro dazu. Zusammen mit Kapitän Serdar Tasci, Georg Niedermeier und Christian Gentner zählen sie zu den ersten Ansprechpartnern des Trainers. Keine formale Funktion, sondern etwas, worauf Bruno Labbadia großen Wert legt. Schon deshalb, weil die Hierarchie durch die vielen Abgänge wichtiger Persönlichkeiten in den vergangenen Jahren durcheinandergekommen ist und sich gerade wieder neu erfindet. Diese Entwicklung kann er als Trainer zwar nicht bestimmen, aber er will sie begleiten. Wenn es mal laut wird innerhalb der Mannschaft, was beim VfB eh selten genug vorkommt, in der Kabine nach einem verlorenen Spiel oder auch nach dem Training, übernimmt er als Trainer zuerst einmal die Rolle des Beobachters. Sein Bauchgefühl sagt ihm dann schon, ob er eingreifen soll oder nicht. Den Streit einfach laufen lassen, ja, auch das kommt vor. Sie müssen die Dinge untereinander regeln können. Der Mannschaftsrat muss dann dazwischengehen, eine Situation, in der sich zeigt, wie viel die Hierarchie wirklich wert ist. Diese Spieler tragen Verantwortung, im Spiel wie im Training, sie müssen am meisten Kritik vonseiten des Trainers ertragen, aber sie genießen auch sein größtes Vertrauen und damit auch mehr Freiheiten. Er als Trainer muss jedem Spieler das Gefühl geben, dass er jederzeit zu ihm kommen kann mit allen möglichen Problemen. Sportlich, privat, ganz egal. Das muss so sein, das ist sein Anspruch. Aber jeden Spieler gleich behandeln, das geht nicht.

Und so ist es auch mit dem positiven Gefühl, das die Mannschaft braucht, um die letzten harten Wochen der Saison erfolgreich überstehen zu können. Die erfahrenen Spieler, die aus dem Mannschaftsrat, die müssen Selbstvertrauen ausstrahlen, Sicherheit vermitteln, gute Laune verbreiten, den ganzen Tag. Da nimmt er sie in die Pflicht, auch wenn das momentan vielleicht nicht ganz einfach ist. Auch, wenn das bei allen gerade nicht ganz reichen wird. Denn da sind seine Stürmer. Sie treffen nicht mehr.

Torjäger, Goalgetter, Bomber, Abstauber, Kopfballungeheuer, Knipser, Chancentod, der mit dem Killerinstinkt – oder einfach Stürmer. Teil der Mannschaft mit schicksalhafter Sonderstellung ähnlich dem Torwart. Nur umgekehrt.

Steht unter ständiger Beobachtung. Kann mit seinen Toren oft Niederlagen nicht verhindern, kann sich ohne Tor aber auch nicht hinter Siegen verstecken. Ein Stürmer muss treffen. Christian Vieri, einer der großen italienischen Torjäger, baute einst eine dicke Mauer der Arroganz um sich herum, um mental der Schieflage zwischen Erwartungshaltung und Wirklichkeit Herr zu werden. Auf die Frage, warum es mit dem Treffer mal wieder nicht geklappt habe, antwortete er: „Über die Tore, die ich nicht schieße, mache ich mir schon lange keine Gedanken mehr." Aber das bringt nicht jeder.

Stürmer treffen nicht immer. Geht ja gar nicht. Bruno Labbadia weiß, wovon er spricht. War ja selbst ein gefeierter Torjäger, Vollblutstürmer. Aber dann – Ladehemmung. Hat jeder mal. Und nicht nur ein Mal in der Karriere. Kommt wie eine Erkältung. Aus dem Nichts. Läuft immer gleich ab. Ein Spiel ohne Tor – okay. Nach dem zweiten wirst du schon leicht nervös. Und nach dem dritten Spiel weißt du: So, jetzt rechnen sie dir die Minuten vor. „Bruno Labbadia, seit 485 Minuten ohne Torerfolg." Na prima. Das bringt einen richtig nach vorn. Wenn du jung bist und unerfahren, wirst du schnell unruhig. Du willst dann überall sein auf dem Platz und vergisst, dass du vorne sein musst, im Zentrum, da, wo die Musik spielt. Und draußen die Menschen meinen es alle gut mit einem. Blicke voller Mitleid. Wenn dann beim Einkaufen der Metzger, der es noch besser meint, vertraulich über die Theke haucht: „Das wird schon wieder." Ja, dann bist du kurz vor dem Durchdrehen.

Bruno Labbadia kennt das aus eigener Erfahrung. Fredi Bobic ebenfalls. War ja auch so einer. Tore am Fließband. Und dann wie abgeschnitten. „Ihr müsst ruhig bleiben", sagt Bobic zu seinen Stürmern, wenn er sie zur Seite nimmt. „Das passiert jedem. Einfach weiterarbeiten, nicht hängen lassen. Das kommt von selbst wieder. So, wie es gegangen ist."

„Ihr arbeitet gut, ihr müsst euch keine Sorgen machen", sagt der Trainer zu seinen Stürmern. Selbstvertrauen geben, das ist wichtig. Und wenn Worte allein nicht reichen, helfen kleine Psychotricks. Dann baut Eddy Sözer in die Videoanalyse eben mal ganz nebenbei ein schönes Tor von Martin Harnik oder Vedad Ibisevic ein. Nur damit sie sehen, dass sie es können. Es ist ja nicht so, dass sie es vergessen hätten. Nur verdrängt, vielleicht. Da muss man gar nichts sagen. Oder Eddy drückt ihnen eine ganze DVD mit ihren Toren in die Hand: „Schau's dir mal an."

Gedanken zum Training. Inklusive Pyschotricks, alles am frühen Morgen. Früher gab es da ja gewaltige Unterschiede. Trainer, die über zwei Stunden pro Einheit trainieren ließen, Trainer, die nie länger als 60 Minuten auf dem Platz standen. Aber heute, da ist sich die Bundesliga ziemlich einig, dauert eine Einheit 90 Minuten. Aber was man in den 90 Minuten macht, wen man besonders beobachtet, wen man mal zur Seite nimmt, ob man einen kurz vor versammelter Mannschaft zusammenstaucht, einen mehr lobt als die anderen, welche Übungen notwendig sind – all das muss man sich vorher schon genau überlegen.

Die Kabine des VfB erinnert in gewisser Weise an eine moderne Automobilproduktion. Alles hat seinen festen Platz, alle haben ihren festen Platz. Links und rechts steht jeweils eine durchgängige Sitzbank, dahinter kleine Schränke mit Schiebetür und Schublade. Jeden Platz ziert ein Aufkleber, auf dem Name und Rückennummer des Spielers stehen. Es sind Automatismen, die den Alltag der Profis bestimmen, auch wenn es nicht um Ball, Taktik und Spiel geht. Und wie auf dem Platz bietet sich auch in der Kabine trotzdem Raum zur Entfaltung von Kreativität und eigener Persönlichkeit. So zieren eine Flasche Rotwein und ein Pfefferstreuer den Schrank von Christian Gentner, Cristian Molinaro hat eine italienische Fahne in Position gebracht. Es ist kurz vor zwölf, und die Spieler kommen vom Training zurück. Michael Meusch hat wie immer zwei große Behälter in die Kabinenmitte geschoben, in die die Spieler ihre dreckige Wäsche werfen. Nach dem Duschen geht es rüber in das Bistro im Business Center in der Mercedes-Benz Arena zum gemeinsamen Mittagessen. Dort wartet ein kleines Buffet. Heute gibt es Spaghetti Bolognese, Gemüse, Schweinemedaillons und Schnitzel.

Michael Meusch arbeitet derweil weiter in seinem Reich. „Was gibt es Neues von deinem Bruder?", fragt der Zeugwart. Rani Khedira schaut mal wieder vorbei. Er verbringt oft seine Mittagspause bei Meusch. Die zwei quatschen über alles Mögliche. Khedira hat vor einer Fotocollage von Schnappschüssen mit Bruder Sami Platz genommen. „Durchbruch 2007" steht darüber. Ja, Sami geht's gut. Wie soll es anders sein? In Madrid.

Die Vorbereitung der Spielkleidung für die nächste Begegnung erfordert von Meusch diesmal etwas mehr Aufmerksamkeit. Die zwei Langarm- und drei Kurzarmtrikotsätze müssen mit dem Logo eines neuen DFL-Sponsors beflockt werden. Eines der Dinge, die vertraglich geregelt sind.

Das andere sind die Schuhe. Rund 400 Kickstiefel bewahrt der Zeugwart auf. 400 Paar in allen Farben. Möglichen und unmöglichen. Die Schuhe, die sind nun mal die Visitenkarte eines Fußballers, sein Aushängeschild, sein Werkzeug mit der magischen Kraft. Deshalb erfahren die Schuhe auch eine ganz spezielle Behandlung. Bevor die Spieler nach dem Training die Kabine betreten, befinden sie sich in einem Bereich, in dem sie ihre dreckigen Kickstiefel ausziehen, selbst waschen und dann über die Trocknungsanlage ziehen müssen. Das ist schon deshalb bemerkenswert, weil den Profis sonst alles abgenommen wird. Mit ihrer Arbeitskleidung haben sie im Grunde nichts zu tun, außer dass sie sie tragen. Aber ihre Schuhe müssen die Profis heute noch putzen wie früher. Was sich allerdings gewaltig geändert hat, ist die Anzahl der Schuhe. Die Hersteller schicken alle sechs bis acht Wochen Kickstiefel in neuen Farben. Und der Hersteller legt fest, welcher Spieler in welcher Begegnung welche Farben tragen muss. Rund 60 Prozent der VfB Profis haben entsprechende Verträge.

Schuhe sind, wie gesagt, das Wichtigste an der Ausrüstung eines Fußballers, das Utensil mit der größten Werbewirksamkeit. Und so ist es auch kein Wunder, dass ausgerechnet ein Zeugwart einst die Bundesliga-Schlagzeilen des Wochenendes beherrschte – wegen der Schuhe.

Am 6. Oktober 1984 spielte der VfB in Köln. Jochen Seitz, damals dienstältester Zeugwart der Liga, ein VfB Unikum und mit allen Wassern gewaschen, bereitete im Müngersdorfer Stadion wie gewohnt alles vor. Trikots, Stutzen, Hosen – und Schuhe? Wo sind die Schuhe? Den armen Kerl traf es wie ein Blitz: Die hingen noch in Stuttgart zum Trocknen. Er hatte sie glatt vergessen. Noch nie war ihm so etwas passiert. Seitz griff sofort zum Telefon und rief daheim beim VfB an. Alois Rehberger, Hausmeister. „Alois", sagte Seitz ungewohnt aufgeregt, „pack die Schuhe ein, nimm mein Auto und komm sofort hierher."

Rehberger blieb ruhig. Er zog erst einmal den VfB Trainingsanzug an. Er hatte keine Eintrittskarte für Köln, und wer weiß, vielleicht half ihm die Art von offizieller Dienstkleidung am Stadiontor weiter. Dann schaute er auf die Uhr. Mit dem Auto, das reicht doch nie. Also bestellte er eigenmächtig einen Flug und freute sich. Er war noch nie in Köln. Jochen Seitz hatte derweil Trainer Helmut Benthaus das Malheur gebeichtet. Und Wolfgang Overath witterte das große Geschäft. Kölns Fußballidol, Adidas-Vertreter, klopfte Seitz auf die Schulter: „Junge, bleib ruhig, ich bring dir neue Schuhe." Seitz betete auswendig sämtliche Schuhgrößen der Spieler herunter, und während Paar für Paar in die Kabine gebracht wurde, fädelte Seitz lustlos die Schnürsenkel ein. Er wusste: Neue Schuhe machen Blasen, die Spieler werden schön sauer sein.

Als Alois Rehberger in Köln landete, wurde er von der Polizei sofort in Gewahrsam genommen. Der Mann mit dem Koffer wurde unter Blaulicht ins Stadion geleitet. Ein ganz starker Auftritt. Der VfB hatte seine Schuhe. Und Wolfgang Overath konnte einpacken. „Typisch geizige Schwaben", brummte er. Verheimlichen ließ sich die Sache trotzdem nicht. Rehberger war verdammt spät dran, aber Schiedsrichter Wolf-Günter Wiesel aus Ottbergen hatte ein Einsehen. Er gab den Spielern aus Stuttgart noch ein paar zusätzliche Minuten, um sich warm zu laufen. „Ich arbeite bei Bosch", lachte Wiesel, „da kann ich Schwaben doch nichts abschlagen."

Das Spiel endete 1:1 und hatte doch einen Verlierer: Jochen Seitz. Am Montag tauchte in der Rangliste der *Stuttgarter Nachrichten*, sonst ausschließlich Spielern vorbehalten, seine Name auf: „Schwach: Bernd Förster, Niedermayer, Claesen – Seitz. Überragend: Rehberger."

Alois Rehberger, der reaktionsschnelle Hausmeister, hat den Zeitungsausschnitt zeitlebens aufgehoben. Bei Jochen Seitz hat es ein bisschen gedauert. Aber heute kann er darüber lachen.

Es ist noch früh am Nachmittag, trotzdem drängt die Zeit. Die Spieler müssen Fanartikel unterschreiben, die fein säuberlich nebeneinander im Eingangsbereich des Klubzentrums liegen, die dicken Stifte anbei. Auf dem Weg in die Kabine, im Vorbeigehen, beschriften die Spieler Bälle, Trikots, Hosen und Autogrammkarten. Eine Pflichtübung. Bruno Labbadia muss kurz noch ein paar Dinge mit dem Aufsichtsrat besprechen, mit dem *kicker* telefonieren und sich anschließend mit U23-Trainer Jürgen Kramny treffen. Es geht um Trainingsinhalte, die aufeinander abgestimmt werden müssen, um einzelne Spieler und die Situation des Nachwuchskaders ganz allgemein. Um 15.30 Uhr beginnt das Nachmittagstraining. Es kommt nicht oft vor in diesen Wochen, dass die Profis zwei Mal am Tag trainieren. Der enge Spielplan lässt das kaum zu.

Heute ist es wichtig. Die Mannschaft spielt ihre Konter nicht so zu Ende, wie sich Übungsleiter Labbadia das vorstellt. Daran soll gearbeitet werden. Das Problem wird auch Thema der Spielanalyse sein, die nach dem Training stattfindet. Einer der Vorträge mit bewegten Bildern, die immer mehr an Bedeutung gewinnen und immer intensiver genutzt werden. Das gilt für die Aufbereitung gespielter Begegnungen ebenso wie für die Analyse des nächsten Gegners. Beim VfB kümmert sich darum eine eigene Abteilung.

Seit Dezember 2008 leitet Mathias Munz die Abteilung Spielanalyse. Gemeinsam mit einem fest angestellten Kollegen und drei Studenten sorgt er für die Bereitstellung des Film- und Bildmaterials, das die Trainer ihren Spielern zu Demonstrations- und Lernzwecken vorführen. Bis hinunter in die

U15. Und was einst mit der Videokamera am Arm oder selbst aufgezeichneten Fernsehausschnitten begonnen hat, wird heute im Profibereich von der Dachorganisation Deutsche Fußball-Liga (DFL) fachmännisch organisiert. Die Firma sports_analytics erstellt im Auftrag der DFL-Tochter Sportcast GmbH das offizielle „Streaming Scoutingfeed" für die Bundesliga. In allen 18 Stadien werden hochauflösende, analysefähige Livebilder produziert, hauptsächlich aus der Totalen. So hat der Betrachter stets alle Mannschaftsteile im Bild und die Laufwege im Blick. Munz und sein Team können bereits während eines Spiels auf den entsprechenden Livestream zugreifen. Theoretisch ist es heute möglich, dass ein Bundesliga-Trainer bereits in der Halbzeitpause anhand einer Videopräsentation die ersten 45 Minuten mit der Mannschaft bespricht und die nötigen Schlüsse daraus zieht. Beim VfB macht man das nicht. Der Aufwand wäre extrem hoch, die Effekte eher gering. Spieler strotzen nicht gerade vor Aufnahmefähigkeit, wenn sie in der Pause verärgert, enttäuscht oder euphorisch für zehn Minuten in die Kabine kommen.

Wer international spielt, kann sich auch bei der UEFA in einem Portal mit ausführlichem Filmmaterial aus der ganzen Welt bedienen, nicht nur von Mannschaften. Selbst Sequenzen von Zweitliga-Spielern aus Mexiko findet man dort mit etwas Geschick. In dieser Zeit haut kein Profispieler mehr am Ball vorbei, ohne dass es überall auf der Welt sehen kann, wer aus beruflichen Gründen daran interessiert ist.

Mathias Munz und seine Team suchen das Material, wählen nach den Vorgaben der Trainer aus, stellen zur Verfügung. Aktuell läuft alles über Computer und DVD, aber das soll bald der Vergangenheit angehören. In Kürze werden die VfB Spieler alles, was die Mannschaft und individuell sie persönlich betrifft, direkt auf ihr iPhone oder ihr iPad überspielt bekommen. Technisch ist also alles machbar, um den Spielern das Vorbereiten, Lernen und Verbessern so angenehm wie möglich zu gestalten. Das Material ist da oder es lässt sich finden. Was ein Verein, ein Trainerstab und eine Mannschaft daraus machen, das kann jeder Klub halten, wie er will.

Bitte schneiden, bitte schneiden. Matthias Borst bastelt am Computer unter Anleitung von Eddy Sözer einen Film zusammen. „Geh noch mal zurück auf 3:15", sagt der Co-Trainer, „da, siehst du? Die Szene kannst du rausnehmen. Wir sind eh noch zu lang." Auf dem Flatscreen oben in der Ecke des Büros ist ein Angriff von Lazio Rom zu sehen. Seit über zwei Tagen sucht Borst nun schon das Material zusammen, das die VfB Trainer brauchen, um die Mannschaft auf den Achtelfinal-Gegner in der Europa League einzustimmen. Und er weiß genau, nach was er suchen muss. In dem Film über die Italiener geht es um Spieleröffnung, Abwehrverhalten, Offensive und Standardsituationen. Der optische Eindruck wird mit vielen zusätzlichen Informationen angereichert. Der Bericht von Scout Hubert Neu liegt Sözer schon vor. Neu hat Lazio live in Mailand beobachtet, ein Besuch, der nicht ganz zur Zufriedenheit von Bruno Labbadia abgelaufen ist. Lazio musste früh einen Platzverweis hinnehmen, und mit zehn Mann spielt eine Mannschaft eben anders als mit elf. Gut, dass der VfB Lazio bereits gegen Mönchengladbach genau beobachtet hat. Die Spiele waren aufschlussreicher.

Auch die Spielanalyse folgt beim VfB einer klar festgelegten Ordnung. Der Film dauert im Normalfall zehn bis zwölf Minuten, im Europapokal darf es auch mal etwas ausführlicher sein, da die Gegner in aller Regel nicht so bekannt sind. Das Material wird vom Cheftrainer abgenommen. Mit den zusätzlichen Informationen und dem Filmmaterial hält Bruno Labbadia seinem Team einen Vortrag, der 25 Minuten nicht überschreiten sollte. Informationen sind wichtig, zu viele Informationen überfordern, weiß Eddy Sözer. Einen Tag vor der Begegnung spielt Sözer dann seine letzten Trümpfe aus: die Autogrammkarten. Das Porträt jedes Gegenspielers hängt er in der Kabine auf und vermerkt dazu Stärken und Schwächen. Spieler, glaubt Sözer, brauchen ein Gesicht, um sich intensiver mit dem Gegner auseinandersetzen zu können. Die Fotos der Lazio-Spieler haben sie von der Homepage der Römer gezogen. Ganz so einfach ist es nicht immer. Aber selbst vor dem Erstrundenspiel im

DFB-Pokal gegen den Fünftligisten SV Falkensee-Finkenkrug konnte Borst – irgendwo im Netz – die Porträts der Amateure ausfindig machen. Sportlicher Ehrgeiz, gibt Sözer zu, stecke bei der Spielanalyse natürlich auch dahinter.

Wie immer in den vergangenen Monaten arbeiten Sözer und Borst im Grunde parallel. Wer jeden dritten Tag ein Spiel hat und das eine analytisch auf- und das andere vorbereiten will, kommt nicht zur Ruhe. Und die Analyse ist für Sözer „elementar". Der VfB spielt gerade seine Konter schlecht aus. Anhand des Spiels in Leverkusen lasse sich das sehr gut zeigen. Ziel der Analyse ist es aber nicht nur, Fehler aufzuzeigen und die Spieler zu kritisieren, sondern auch Dinge zu zeigen, die richtig gemacht, die optimal gelöst wurden. Ja natürlich, gibt Sözer zu, wenn einer im Film bei einem Fehler erwischt wird, ist doch klar, dass die anderen dann ihre Witze machen. Aber Spaß gehöre eben auch dazu.

Er und sein Assistent machen hier nur Zuarbeit, aber eine sehr wichtige. Denn das Ganze habe nur einen Wert, wenn sich aus der Ist-Analyse das Soll entwickeln lässt. Sözer und Chef Labbadia entscheiden anhand des Materials, ob im Training mehr mannschaftstaktisch oder vielleicht gruppentaktisch gearbeitet werden muss, oder ob es gilt, einzelne Spieler in bestimmten Bereichen zu verbessern. Deshalb sei auch das Verständnis zwischen ihm und seinem Assistenten Borst so wichtig. Fast blind verstehen sich die beiden. Kurze Telefongespräche, manchmal nur ein Zuruf, müssen ausreichen, um das richtige Material herausfiltern zu können. Borst kennt die Erwartungen des Trainers genau. Er weiß, wie sich VfB Spieler gegen und mit dem Ball verhalten müssen. Borst nimmt manchmal auch an den Videobesprechungen mit der Mannschaft teil, um ein noch besseres Gespür für die richtigen Szenen zu bekommen. Denn eins ist für Eddy Sözer klar: Spielanalyse hat viel mit Corporate Identity zu tun. Wir sind der VfB, wir sind das Gespann Labbadia/Sözer, wir vertreten eine ganz bestimmt Spielphilosophie. Und die muss jeder sofort sehen, die muss jeder spüren können.

Bruno Labbadia liegt das Problem mit den Kontern sehr am Herzen. Die Mannschaft habe sich dadurch in Leverkusen um den Lohn gebracht, den sie so dringend braucht. Denn, wie gesagt, die körperliche und geistige

Belastung ist extrem hoch in diesen Wochen. Deshalb lasse sich die offensive Spielphilosophie gerade nicht so umsetzen, deshalb sei es umso bedauerlicher, wenn Konter schlecht ausgespielt werden. Nein, es gefällt ihm gar nicht, durch diese Saison irgendwie durchkommen zu müssen. Aber die Mannschaft sei an der Grenze, er muss das rational sehen. Sie verlieren die Spiele gerade in Ballbesitz, also braucht er mehr Ordnung. Er kann doch jetzt nicht sagen, Jungs, geht raus, macht Pressing. Er würde die Mannschaft ja in den Tod schicken. Und heute Abend, am Ende eines langen Tages, werde er ihnen das aufzeigen und sagen. Das Problem mit den Kontern, die Sache mit der Ordnung. Und das Ganze irgendwie positiv rüberbringen.

Platzbesichtigung

Zufallsbegegnung am Sonntagnachmittag. Nicht beim Fußball, sondern beim Damen-Volleyball in der Scharrena der Mercedes-Benz Arena. Sie haben sich lange nicht mehr gesehen. Karl Allgöwer, von 1980 bis 1991 Mittelfeldmotor des VfB. 129 Treffer. Stuttgarts Bundesliga-Rekordtorschütze. Den Titel hat er wohl für ewig. Und seinen Spitznamen: Wasen-Karle. Und vor allem: Knallgöwer. Besucht regelmäßig die VfB Spiele. Ganz im Gegensatz zu Uwe Greiner, Torwart. Fing als C-Jugendlicher beim VfB an. Ein verrückter Hund, immer Riesensprüche auf Lager. Machte zwischen 1979 und 1981 insgesamt 24 Spiele für den VfB, kam aber nie so recht an Helmut Roleder vorbei. Danach Stammtorwart in Leverkusen und Düsseldorf. Wenn am Samstag die Liga angepfiffen wird, muss er meistens noch arbeiten. Hat das Geschäft vom Vater übernommen. Projektbau, alles, was mit Türen und Fenstern zu tun hat.

Karl Allgöwer: „Weißt du eigentlich, dass wir nicht mehr auf den Rasen dürfen?"

Uwe Greiner: „Was ist mit dem Rasen?"

Karl Allgöwer: „Muss geschont werden, glaube ich. Als ob man mit Straßenschuhen was kaputt machen könnte. Also, pass auf: Ich habe neulich eine Führung gemacht hier in der Arena. Plötzlich waren keine Ordner zu sehen. Wer mal auf den Platz will, habe ich den Leuten gesagt, soll es jetzt machen. Aber schnell. Hab mir schon gedacht, dass es Ärger geben wird. Also, wir auf den Rasen. Und tatsächlich, es gab Theater."

Uwe Greiner: „Versteh ich nicht. Weißt Du noch, auf was wir damals alles gespielt haben? Bielefeld, Bremen. Das waren die schlimmsten Äcker. Und in Leverkusen, wenn die Bayern gekommen sind, haben wir freitags schon das Spielfeld bearbeitet und gespritzt. Dann ist der Boden schön gefroren über Nacht und war noch uneben, als das Spiel losging."

Karl Allgöwer: „Bei Sundermann sind wir bei Heimspielen immer freitagabends, bevor wir ins Hotel gefahren sind, rüber ins Stadion. Er wollte wissen, ob der Rasen für uns in Ordnung ist oder ob er noch mal mähen lassen soll."

Uwe Greiner: „Den Rasen stehen oder mähen lassen – das war immer die Frage. Kam auf den Gegner an."

Karl Allgöwer: „Aber hast du mal gesehen, was heute nach Spielen auf dem Rasen los ist? Sie machen die Löcher zu, wie bei uns damals. Und dann stellen sie besondere Lampen drauf und machen das Licht an."

Uwe Greiner: „Was soll denn das?"

Karl Allgöwer: „Der Rasen weiß nix mehr. Der kennt keinen Tag und keine Nacht, keinen Winter und keinen Sommer. Und wenn sie das Licht anmachen, wächst er besser. Die Lampen brennen die ganze Nacht."

Uwe Greiner: „Die spinnen doch."

Karl Allgöwer: „Nein, das Licht brennen zu lassen ist immer noch billiger, als dauernd den Rasen auszuwechseln."

Sie hüpfen wieder. Auf der Stelle. Wenn Eddy Sözer Kommando gibt, verlieren die Profis die Bodenhaftung. „Hopp", schreit der Co-Trainer und gibt das Signal für den Frontalangriff auf das robuste Gemisch aus Poa pratensis und Lolium perenne. Weil auf den Absprung naturgemäß die Landung folgt, knallen die Profis mit ihren 80 Kilogramm Lebendgewicht mit voller Wucht auf Wiesenrispe und Deutsches Weidelgras. Und wenn sich Greenkeeper Michael Pfeiffer die Leibesübungen von Sven Ulreich oder Antonio Rüdiger

„Der Duft von frisch geschnittenem Gras. Das ist der Duft des Fußballs."

Jorge Valdano, Journalist, Buchautor, Exmanager von Real Madrid
und argentinischer Fußballweltmeister von 1986

aus der Ferne so ansieht, dann werden die 80 Kilogramm pro Spieler nicht bei allen reichen. Jeder Aufprall drückt die Halme platt, die in den USA und Holland gezüchtet werden. Die Stollen bohren sich dann tief in die 16 Zentimeter dicke Rasentragschicht. Und das immer auf derselben Stelle. Das Sand-Humus-Gemisch erträgt zwar geduldig alle Qualen, braucht aber trotzdem täglich Unterstützung.

„Verlegen wir die Mittagspause lieber nach hinten", sagt Michael Pfeiffer. Ob sie eine Maschine brauchen werden oder ob sie die malträtierten Stellen auf dem Platz von Hand wieder in Ordnung bringen können, wird man sehen. Nach dem Training gehört der Platz wieder ihm und seinen Leuten. Er entscheidet dann aus dem Bauch heraus, berücksichtigt die Wetterlage und den üblichen Zeitdruck. Wenn Bruno Labbadia heute Nachmittag die Profis zur zweiten Einheit aufs Trainingsgelände scheucht, muss der Untergrund wieder so jungfräulich aussehen, als habe ihn noch nie jemand zuvor betreten. Spieler sind empfindlich, wenn es um den Boden geht. Das hat der Greenkeeper des VfB schnell gelernt.

„Wie finden Sie denn den Rasen?"

Michael Pfeiffer wusste nicht so recht, was er sagen sollte. An seinem ersten Arbeitstag beim VfB Stuttgart 2006 hatte er nicht unbedingt damit gerechnet, dass sich gleich der Cheftrainer in sein Büro verirren würde. So leicht war das gar nicht zu finden. In der Peripherie des Klubheims musste Armin Veh an Traktoren, Mähmaschinen und gestapelten Säcken voller Dünger und Saatgut vorbeidribbeln, um den neuen Greenkeeper zu begrüßen.

„Nicht rumeiern, sagen Sie, wie finden Sie den Rasen?"

„Na ja, eine Katastrophe."

„Sehe ich auch so."

Dann war Armin Veh wieder weg. Immerhin, fand Michael Pfeiffer, hatten sie auf dem Cannstatter Wasen offenbar registriert, dass ein ausgebildeter

Fachmann Boden gutmachen würde. Auch Rainer Adrion begleitete den Neuen sofort ins vereinseigene Robert-Schlienz-Stadion. Adrion war damals Trainer der U23, die ihre Drittliga-Spiele noch auf dem schönen Gelände austragen durfte.

„Du kommst doch vom Golfplatz und kennst dich aus mit Schnitthöhen", sagte Adrion, „könntest du den Platz nicht ein bisschen tiefer schneiden?"

Was war denn das für eine Frage? Schnitthöhen sind doch genau sein Ding. Es geht um Technik und Präzision. Er kam aus St. Leon-Rot. Dort rechnete man in anderen Dimensionen. Schon 1999 hatte er die Grüns für das PGA-Turnier der besten Golfprofis auf 2,8 Millimeter gestutzt. Ein Fußballplatz mit seiner Zentimeterskala ist doch kein Problem. Bei der Fußball-WM 1974 betrug die Schnitthöhe noch 3,5 Zentimeter, weil es technisch nicht anders möglich war. Ein Untergrund, der das Spiel nicht gerade schneller machte. Damals wurde ja noch getrickst. Heimvorteil oder so. Der VfB und die Kickers, auch eine interessante Geschichte. Hatte der Professor während der Fortbildung erzählt. In früheren Zeiten mussten die Kickers ja immer mal wieder runter vom Berg ins verhasste Cannstatt. Für ihre Heimspiele im Neckarstadion, die irgendwie gar keine Heimspiele waren, verlangten sie von den städtischen Rasenpflegern immer wesentlich größere Schnitthöhen als der VfB. Heute geht das ja nicht mehr. Es gibt Regeln. Für alles. Ganz besonders für den Rasen. Aber über Rainer Adrion hat sich Michael Pfeiffer damals trotzdem gewundert. Der U23-Trainer wollte eine Schnitthöhe von 20 Millimetern. Darauf hatte damals noch keiner gekickt. Bei der Länge wird der Ball schnell. Sehr schnell sogar. Und er verzeiht keine Fehler. Aber verdammt, Adrions Spieler kamen damit zurecht. Respekt.

So fing das an 2006. Ziemlich verrückt. Michael Pfeiffer trat seinen Dienst nach dem dritten Spieltag an. Der VfB hatte gerade 1:3 zu Hause gegen Dortmund verloren und stand in der Bundesliga auf Platz 15 in der Tabelle. 31 Spieltage später feierte Armin Veh mit seinen Spielern die Deutsche Meisterschaft. Irgendwie hatte auch Michael Pfeiffer dafür den Boden bereitet.

Das gefiel ihm. Es war aufregend. Fußball. Und er war verantwortlich für das Wichtigste des ganzen Spektakels – für den Platz, den Grund und Boden, der immer nur dann zur Sprache kommt, wenn er irgendjemandem nicht passt: zu holprig, zu rutschig, zu tief, zu stumpf. Das größte Lob, das er für seinen guten Rasen erwarten kann, ist, dass sich niemand beschwert. Dabei ist die Pflege eine Wissenschaft für sich, die die Spielweise einer Mannschaft nachhaltig beeinflussen kann. Und dann – natürlich – ist so ein Spielfeld ein Fest fürs Auge.

Michael Pfeiffer hatte 1992 auf dem Golfplatz in Bad Rappenau begonnen, sich um Fairway, Grün und Baumbestand zu kümmern. Später wechselte er nach St. Leon-Rot auf die 18 Loch, die SAP-Chef Dietmar Hopp gehören. Dort bot sich ihm die Chance zur Weiterbildung. In der Nähe von Krefeld besuchte er bei der Deutschen Landwirtschaftsgesellschaft den Blockunterricht. Es ging um Nährstoffe, Düngung, Saatgut, Pflanzenschutz, Bodenaufbau und Drainage. Als „Fachagrarwart für Golfplatzpflege, geprüfter Greenkeeper" kam er nach St. Leon-Rot zurück. Aber schon damals hatte er sein Herz an den Fußball verloren. Schuld daran waren ausgerechnet die Amerikaner. 1994 verfolgte er die Spiele der WM in den USA im Fernsehen und war jedes Mal fasziniert von der Art und Weise, wie die Gastgeber die Spielfelder gemäht hatten. Neben handwerklichem Geschick konnte er ein Höchstmaß an Kreativität erkennen. Im Sechzehner mussten sie, stellte der Fachmann aus Neckarsulm die Ferndiagnose, sogar extra Handmäher eingesetzt haben, um diese Muster auf den Rasen zu zaubern. Das Bild ließ ihn nicht mehr los. Als sich Jahre später der VfB zufällig in St. Leon-Rot erkundigte, was ein Greenkeeper so alles können muss, bekam er einen Tipp. Der Mann aus dem Zonengrenzgebiet zwischen Baden und Württemberg besprach sich mit seiner Frau, ebenfalls eine geprüfte Greenkeeperin, und bewarb sich auf dem Cannstatter Wasen.

Jetzt leitet er ein kleines Unternehmen. Zumindest kommt es ihm so vor. Zu fünft kümmern sie sich um die wertvollen Grünflächen auf dem Vereinsgelände. 5,5 Hektar. Acht Rasenplätze und ein Kunstrasen. Und das Spielfeld. Nachdem 2011 die Umbauarbeiten der Mercedes-Benz Arena zum reinen Fußballstadion abgeschlossen waren, ging auch die Verantwortung für den Rasen von der Stadt in die Hände des Vereins über. Da das Spielfeld während des Umbaus nicht mehr optimal gepflegt werden konnte, war es im neuen Stadion plötzlich noch der einzige renovierungsbedürftige Ort. Vor allem auf der Seite der Haupttribüne gab der Boden so wenig Halt, dass Trainer Bruno Labbadia wegen der drohenden Verletzungsgefahr für seine Spieler intervenierte. Damals trafen sich Michael Pfeiffer und Manager Fredi Bobic zum Ortstermin an der Mittellinie und entschieden sofort: Nix mehr zu machen, der Rasen wird neu verlegt.

Sie haben dann alles aufeinander abgestimmt, um den Profis optimale Bedingungen zu bieten. Überall liegt derselbe Rasen. Der Mix aus Wiesenrispe und Weidelgras wächst zu einem strapazierfähigen Sportrasen zusammen. Die Wurzeln der Gräser verzweigen sich so im Untergrund, dass nicht gleich die Fetzen fliegen. Auch wenn es im Zweikampf mal ein bisschen robuster zugeht. Außerdem haben die Spielfelder von Platz eins, im Robert-Schlienz-Stadion und in der Mercedes-Benz Arena auf den Zentimeter genau dieselben Maße. 105 Meter lang und 68 Meter breit. Wie es die Bundesliga vorschreibt. Vereinsinterne Abweichungen auf dem Trainingsgelände gehen Michael Pfeiffer schon gegen die persönliche Ehre. Außerdem sind da die Spieler, deren Empfindlichkeiten er im Lauf der Jahre kennen und schätzen gelernt hat. Ein Platz mit einer um ein, zwei Meter versetzten Grundlinie? Unmöglich. Spieler sind nicht blöd. Die merken das sofort.

Aber richtig sauer können sie werden, wenn es um die Schnitthöhe geht. Wie gemäht wird, ist ihnen dabei egal. Michael Pfeiffer bevorzugt den Spindelmäher mit einem sauberen Schnittbild, als hätte sich jemand mit der Schere in der Hand über den Rasen hergemacht. Der Sichelmäher, der mit seinem Schlagschnitt das Gras – ähnlich wie beim Rasieren die Barthaare – eher ausreißt als schneidet, gefällt ihm nicht so. Unterscheiden kann das eh nur der Fachmann. Mit der Länge ist das etwas ganz anderes.

Das Gras am Neckar ist 24 Millimeter hoch. Ein Millimeter mehr ist in der Liga noch erlaubt. Um das Spiel noch schneller zu machen, wird kurz vor dem Anpfiff ein dünner Wasserfilm über das getrimmte Gras gespritzt. Und was das Mähen selbst betrifft: Auch dabei geht es mehr um Präzision als um Kreativität. Die Greenkeeper folgen den Vorgaben des Maßbandes. Begonnen wird an der Torauslinie mit einer Bahn von 5,50 Metern Breite, damit sie genau auf Höhe des Fünfmeterraums endet. Noch einmal 5,50 Meter, und man erreicht exakt die Strafraumgrenze. Von da an geht es bis zur Mittellinie mit 5,50-Meter-Bahnen nicht mehr auf, weshalb auf dem Spielfeld in der Mercedes-Benz Arena nur noch 5,18 Meter breit gemäht wird. Es müssen Hütchen aufgestellt werden, damit der Fahrer des Mähers keinen Zentimeter vom Kurs abweicht. In der anderen Hälfte wird es genauso gemacht. Die Zuschauer auf EnBW- und Haupttribüne sehen so im Wechsel einen hellen und einen dunklen Streifen. Sehen sie einen dunklen Streifen, ist ihnen der Mäher entgegengefahren. Nach dem Mähen werden die Linien gezeichnet. In Cannstatt verwenden die Greenkeeper dafür biologisch abbaubare Farbe. Die wird vom DFB nicht vorgeschrieben, aber von der Stuttgarter Verwaltung – mit Rücksicht auf das Cannstatter Mineralwasser.

Ein Platz mit einer um einen Meter versetzten Grundlinie? Unmöglich! Spieler sind nicht blöd. Die merken das sofort.

Es ist ein ewig gleiches Ritual, eine nahezu wissenschaftliche Auseinandersetzung mit einem rechteckigen Stück Boden, die liebevolle Vorbereitung dunklen Grases (Fußballer ziehen es im Allgemeinen der helleren Variante vor) auf einen 90-minütigen Überlebenskampf gegen feindliche Stollen, den es nicht gewinnen kann. Die Spuren des Kampfes erweisen sich naturgemäß als schwerwiegend, weshalb das Ritual nach Spielende mit unverminderter Leidenschaft fortgeführt wird. Eine ganze Mannschaft rühriger Helfer, ausgestattet mit dem grünen Daumen, schreitet das Feld ab bis auf den letzten Millimeter und stopft die Löcher, die harte Zweikämpfe und fehlgeschlagene Schussversuche hinterlassen haben. Schnell muss es gehen, weil das Flutlicht schon bald nach Spielende abgeschaltet wird.

Im Schutz der Dunkelheit wird schließlich die Belohnung für den Rasen aufgefahren. Sechs Gestelle, überdimensionalen Wäschespinnen nicht unähnlich, rollen aufs Feld. An ihnen hängen je 60 Birnen, jede 1000 Watt stark, ausgestattet mit einem speziellen Licht, das den Rasen täuscht und ihn wachsen lässt. Das Licht kommt eigentlich in Gewächshäusern zum Einsatz, um Pflanzen und Gemüse zum Wachsen zu animieren. Vor gut 15 Jahren begannen die Rasenpfleger des englischen Klubs Sunderland damit, auch dem Fußballrasen das Wunderlicht zu gönnen. In der Mercedes-Benz Arena brennt es nun die ganze Nacht. Man kann eben nicht alles haben. Seit die Stadien modern und überdacht sind, entzieht die Architektur dem Spielfeld sein natürliches Doping. Der Rasen bekommt zu wenig Sonne, und ohne Kunstlicht müsste er ständig ausgewechselt werden.

Die Liebe zu Grund und Boden endet nicht am Stadiontor. Mit der gleichen Akribie hegen und pflegen Michael Pfeiffer und seine Männer das riesige Trainingsgelände, täglich beansprucht von den Profis, der U23 und sämtlichen Jugendmannschaften. Der Faktor Zeit wird deshalb immer wichtiger, wenn es darum geht, dem Boden Gutes zu tun, damit er es weich und eben wie ein Teppich zurückzahlen kann. Bei extrem beanspruchten Flächen, direkt vor dem Tor oder dort, wo Bruno Labbadia auf engstem Raum Pressing üben lässt, hilft oft nur der neue Einsatz von Rollrasen. In aller Regel aber hilft Pfeiffer dem Boden, wo er kann, um selbst zu regenerieren und zu gedeihen. Mit Tiefenlockerungsmaschinen verschafft er dem Untergrund Luft. Früher brauchte er für einen 8000 Quadratmeter großen Platz zwei Tage. Mit den modernen Maschinen erledigt er das in sechs Stunden. Dünne, lange Spoons bohren sich dabei in den Boden. Die dickeren Spoons verwendet er nicht, weil die so große Löcher bohren, dass die Spieler befürchten, mit ihren Stollen darin hängen zu bleiben.

Rücksicht auf die Profis nimmt er auch beim Düngen. Die Mixtur hat er vom Golfplatz mitgebracht, weil sie feinkörniger ist als herkömmlicher Dünger und die Spieler schon rein optisch nicht stört. Am liebsten düngt er mit dem Handstreuer, eine 1,60 Meter breite Maschine, die er vor sich herschiebt. Neulich, als es eine Woche lang nur regnete, lief er gut 50 Kilometer mit der Maschine übers Gelände. Fünf, sechs Mal im Jahr wiederholt er die Prozedur. Den Trainingsplatz der Profis düngt er noch öfter. Lieber dosiert er das Düngen, um das Wachstum besser kontrollieren zu können.

Über die Qualität seiner Arbeit – es sagt ja nie einer was – lässt Michael Pfeiffer die Natur entscheiden. Früher, auf dem Golfplatz, da hatten sie mit Käfern zu kämpfen. Die gingen zwischen den Halmen auf die Suche nach den Larven der Wiesenschnake. Das war nicht das Problem. Aber Krähen sehen das, stürzen sich gierig nach unten und reißen das Gras aus, um an die Larven zu kommen. Für das Auge des Experten sieht der Rasen dann schlimm aus. In Cannstatt ist das kein Problem, es gibt keine Käfer. Auch Maulwürfe, die sie früher auf dem Golfplatz gejagt haben, machen einen Bogen um sein Trainingsgelände. Für ihn eine angenehme Überraschung, die er dem hohen Grundwasserspiegel in Cannstatt zuschreibt.

Und so erfreut sich Michael Pfeiffer an den Hasen, die auf dem Wasen grasen. Seit Jahren fühlen sich die Rammler wohl zwischen den kickenden Profis. Und auch, wenn sie sich immer wieder aufgeschreckt aus dem Staub machen, wenn die Spieler unvermittelt aus dem Kabinentrakt treten, um ihrer Arbeit nachzugehen, so kommen die Hasen doch immer wieder. Und jetzt, da der Boden langsam wieder die richtige Temperatur hat, schauen sie ihm aus sicherer Distanz beim Säen zu.

Neulich stand plötzlich ein Polizist vor ihm. Er habe eine Beschwerde wegen unerlaubten Taubenfütterns gegen ihn vorliegen, weil Saatgut Vögel nun mal anzieht. Zuerst hat Michael Pfeiffer das für einen Witz gehalten. Aber dann hat er den Polizisten über das Trainingsgelände geführt, seine Arbeit erklärt und gefragt, was er seiner Meinung nach tun solle. Der Polizist wusste es auch nicht. Alles andere hätte Michael Pfeiffer, den Greenkeeper mit dem Hang zur Perfektion, auch gewundert.

Mit Stolz und Gottvertrauen

Cacau trägt Brille mit zurückhaltender Eleganz. Auch, wenn die Klischeejäger jetzt mit Kanonen schießen: Das passt zu ihm. Ibrahima Traoré zum Beispiel trägt auch Brille. Aber bei ihm ist sie ein modisches Statement, ein auffälliges Accessoire mit nützlichem Nebeneffekt. Das passt zu Traoré. Cacau trägt einfach Brille. Er bestellt etwas mit viel Fleisch, er isst gern Fleisch. Wir sitzen im VfB Klubheim, Nebenzimmer. Cacau kommt direkt von der morgendlichen Behandlung. Zwei Stunden Reha-Welt, was irgendwie nach Abenteuer klingt, aber leider keines ist. Es geht um Krafttraining, manuelle Therapie, kontrollierte Bewegung. Zwei Stunden lang, vormittags und nachmittags, sechs Tage in der Woche. Und das seit Monaten. Nur wegen dieses einen blöden Moments.

Cacau erzählt, wie das Malheur passiert ist um die Weihnachtszeit. Training, vielleicht noch zwei, drei Minuten. Cacau sagt, er sei zu ungestüm in den Zweikampf gegangen mit Antonio Rüdiger, die letzte Aktion des Tages. Es hat gekracht. Er, der alte Hase, wusste gleich: alles kaputt. Diagnose: Innenband am Knie, hinteres Kreuzband – beides gerissen. Die Ärzte raten von einem Eingriff ab, das hintere Kreuzband lässt sich nur schwer operieren. Stand jetzt, davon ist der Stürmer überzeugt, war die Entscheidung richtig. Durch die monatelange Arbeit habe sich das Kreuzband prächtig entwickelt, besser, als man es durch eine Operation hätte erreichen können. Aber das Innenband hält den Erwartungen und vor allem den Belastungen noch nicht stand. Damit hatte man so nicht gerechnet. Es dauert also etwas länger. In dieser Bundesliga-Saison wird Cacau nicht mehr spielen können. „Ich brauche Geduld", sagt er.

Aber muss man denn mit Cacau unbedingt über Fußball reden? Nein, muss man nicht. Er weiß viel über Gott und die Welt, auf der er ohne großes Aufheben ernsthafte und engagierte soziale Arbeit leistet. Und ja, trotzdem: Natürlich muss man sich mit Cacau über Fußball unterhalten. Er ist der dienstälteste Profi auf dem Wasen und hat nach zehn Jahren gerade seinen Vertrag um ein weiteres Jahr verlängert. Er ist der letzte deutsche VfB Nationalspieler und vor allem der letzte Stuttgarter Torschütze für Deutschland, für eine Nationalmannschaft, an die in seiner Heimat niemand dachte, als er vor 32 Jahren im brasilianischen Santo André geboren wurde. Cacau ist eine soziale Institution beim VfB. Das hängt natürlich mit seinem unverkrampften Einsatz für den Glauben und die Armen und Schwachen zusammen. Andererseits ist der Stürmer der Beweis für die soziale Kraft, die trotz des großen Konkurrenzdrucks in so einer Profimannschaft steckt. Cacau ist innerhalb des Teams anerkannt und respektiert, ein fester Bestandteil. Dabei haben nicht wirklich viele Kollegen mit ihm etwas zu tun. Und man braucht nicht viel Phantasie, um sich vorstellen zu können, dass viele seiner Mitspieler ihn gar nicht verstehen, von seiner Art zu denken und zu leben, beides konsequent an der Bibel ausgerichtet.

Was nach innen funktioniert, setzt sich nach draußen fort. Cacau hat in der Mercedes-Benz Arena eine große, stille Fangemeinde – und es sitzen mindestens so viele dort, die mit ihm nicht so viel anfangen können. Ausgerechnet die Fans aber haben auf ihre subtile Art ein feines Gespür für diesen Menschen entwickelt. Sie nannten ihn schon Helmut, den deutschesten aller Brasilianer, lange bevor Cacau daran dachte, die deutsche Staatsbürgerschaft anzunehmen.

Abgesehen von alledem ist Cacau ein aufrechter, kritischer Geist. Man muss nur genau hinhören. Er sagt unbequeme Wahrheiten in einer Art und Weise, als wolle er die Uhrzeit mitteilen. Und er spricht über Enttäuschungen, als beklage er einen Schnupfen. Es ist ein wunderbarer, interessanter Nachmittag. Und um ihn nicht zu versauen, klären wir unter uns Deutschen erst einmal die administrative Seite der ungewöhnlichen Lebensgeschichte. Also, Herr Cacau, wie heißen Sie denn nun eigentlich richtig, offiziell?

„Du musst die Sprache lernen.
Sonst bekommst du keinen Respekt. Ob das je mit dem Fußball was wird in Deutschland, wissen wir heute nicht. Aber du musst die Sprache lernen. Du musst dich ausdrücken können. Du musst verstehen, was sie über dich sagen."

Osmar de Oliveira, brasilianischer Freund und Manager von Cacau

Claudemir Jerônimo Barreto, Familie Barreto. Ehefrau Tamara, Tochter Lidia, die Söhne Levi und Davi und Papa Cacau. Familie Barreto, so steht es am Briefkasten am Haus in Korb bei Waiblingen. Hinterland, hinter dem Stadion, wenn man die Mercedes-Benz Arena von der Stadt aus betrachtet. Cacau findet das völlig in Ordnung mit Barreto. Muss ja nicht gleich jeder wissen, dass hier Cacau wohnt. Dabei weiß Cacau, dass ganz Korb weiß, wo Cacau wohnt. Beliebt ist er, und stolz sind sie auf den Stürmer, der unglaubliche Tore für den VfB geschossen hat. In zehn Jahren, wenn man nur die Bundesliga nimmt, sind es über 80 und damit schon mehr als Jürgen Klinsmann. Sogar zum Bürgermeister wollten ihn seine Fans schon machen. Bei der offiziellen Wahl bekam er fünf Stimmen, die leider als ungültig gewertet werden mussten. Cacau stand gar nicht zur Wahl. Die Jüngeren rufen ihn einfach Cacau, die Älteren, die besonders höflich sein wollen, sagen Herr Cacau. Er findet das ein bisschen komisch.

Jedenfalls mögen sie ihn da draußen im Hinterland. Und Cacau fühlt sich wohl. Sonst wäre er längst nicht mehr da und längst nicht mehr beim VfB. Sonst hätte er sich nicht 2009 mit Tamara zusammengesetzt und überlegt, die deutsche Staatsbürgerschaft anzunehmen. Die Zeit war günstig, es gab eine Regelung, nach der man den brasilianischen Pass behalten konnte. Wenn wir später, so die Überlegung des Ehepaars Barreto, wieder für eine gewisse Zeit zurück nach Brasilien gehen sollten, könnten die Kinder immer noch frei entscheiden, in welchem Land sie leben oder studieren wollen. Die Voraussetzungen für eine deutsche Staatsbürgerschaft brachte Cacau mit. Er hatte acht Jahre in Deutschland gelebt und Steuern bezahlt (der mittlere Sohn Levi war bereits von Geburt an deutscher Staatsbürger), er konnte eine Geburtsurkunde und ein B1-Zertifikat über die Qualität seiner Sprachkenntnisse vorweisen. Zusätzlich füllte er einen Antrag aus mit der genauen Begründung für seinen Wunsch, deutscher Staatsbürger werden zu wollen.

Die letzte Hürde war der Einbürgerungstest, der hauptsächlich aus Fragen zu den Bundesländern und Bundeskanzlern besteht, das Übliche. Darauf konnte er sich im Internet vorbereiten. 310 Fragen finden sich dort, die richtige Antwort ist anzukreuzen. Beim eigentlichen Test mussten 33 dieser 310 Fragen beantwortet werden. Wenn Cacau ehrlich ist, liest man sich das zwei Mal durch und weiß Bescheid. Er hat die Prozedur damals gemeinsam mit Tochter Lidia durchgezogen. Ehefrau Tamara folgte zwei Jahre später.

Die deutsche Staatsbürgerschaft anzunehmen war also eine rein private, familiäre Entscheidung. Umso mehr wunderte sich Cacau damals über die öffentlichen Reaktionen. Sofort kamen Gerüchte auf, er spekuliere auf eine Nominierung für die deutsche Nationalmannschaft. Er hat das gar nicht verstanden. Die deutsche Nationalmannschaft – die war doch so weit weg.

Eine Tages, während des Trainings, stand plötzlich Manager Horst Heldt auf dem Platz: „Cacau, bei mir oben im Büro sitzt Hansi Flick. Sie überlegen ernsthaft, dich für die Nationalmannschaft zu nominieren." Er konnte es immer noch nicht glauben. Er war völlig überrascht. Der Assistent des Bundestrainers kommt doch nicht wegen ihm nach Stuttgart. Aber nach dem 4:0-Erfolg über Wolfsburg war es tatsächlich so weit. Cacau sollte mit auf die Asienreise der Nationalmannschaft. Glauben konnte er es immer noch nicht, ja, er war fast empört. Und so fragte er Bundestrainer Joachim Löw: „Ja, wie stellen Sie sich denn das vor? Bin ich nur dabei, weil die halbe Mannschaft verletzt ist, oder habe ich eine echte Chance?" Löw ist von Spielern zwar andere Reaktionen auf eine Nominierung gewöhnt, dennoch antwortete er ernsthaft: „Bei mir hat jeder die gleiche Chance."

Cacau gab alles, Joachim Löw hielt Wort. Cacau durfte ein Jahr später mit zur WM nach Südafrika. Mehr noch: Beim 4:0-Auftakterfolg gegen Australien setzte Cacau den Schlusspunkt – mit seinem ersten Tor bei einer Weltmeisterschaft. Die absolute Krönung. Cacau schrie seine Freude heraus, eher ungewöhnlich für ihn, um dann doch seinem Ritual zu folgen. Wie immer, wenn einer seiner Bälle im Netz landet, richtete Cacau den Blick nach oben, hob die Arme und streckte den Zeigefinger Richtung Himmel: Danke, Gott.

Tiefgründing

„Was sagen denn Ihre Mitspieler dazu, dass Sie so offen mit Ihrem Glauben umgehen?"

Cacau: „Ich weiß nicht, wie meine Mitspieler über mich denken. Zu mir hat noch keiner was gesagt. Ich habe auch noch nichts Negatives gehört. Sie vielleicht?"

„Ich? Wieso Ich? Ich frage Sie."

Cacau: „Ach, wissen Sie, in einer Mannschaft wird wenig über tiefgründige Themen gesprochen. Ich weiß auch nicht, warum das so ist. Mir fehlt das."

Ein historisches Tor, eines, das er nicht vergessen wird. Das Synonym für seine Zeit bei der Nationalmannschaft. Ein Tor, das einen langen Weg markiert, der Cacau von Santo André bis nach Südafrika geführt hatte.

In Santo André ist das Leben unterhalb der Armutsgrenze hart und voller Entbehrungen. Mutter Ana Maria Barreto muss als Dienstmädchen schwer schuften, um ihre drei Söhne durchzubringen. Trotzdem fehlt es oft am Nötigsten, auch am Essen. Um sich abzulenken, spielen die Brüder Ademir, Vladimir und Claudemir, genannt Cacau, Fußball, wann immer es geht. Sie träumen davon, Profi zu werden.Die Hoffnung auf ein besseres Leben gibt ihnen den Mut, bei verschiedenen Klubs in São Paulo vorzuspielen. Tatsächlich wird Cacau mit 13 Jahren in die Jugendmannschaft von Palmeiras aufgenommen. Er trainiert viel, nimmt die vielen Zugfahrten zum Trainingsgelände auf sich und will es auch der Mutter recht machen, weshalb er konsequent zur Schule geht. Doch alle Anstrengungen sind umsonst. Palmeiras schickt ihn nach drei Jahren wieder weg. Cacau ist 16, ohne Job, ohne Verein, aber er gibt nicht auf. Um seine Mutter finanziell zu unterstützen, arbeitet er als fliegender Händler und verkauft Snacks, Wasser und Erfrischungsgetränke an Passanten und Autofahrer. Er schafft die Sekundarstufe und die Aufnahmeprüfung zum Sportstudium, das er aber nicht finanzieren kann. Fußball spielt er mittlerweile im Vorstadtklub von Mogi das Cruzes.

Die Aussichten sind nicht gut. Aber Cacau glaubt an sich und seine Chance. Die Hoffnung wird genährt von seinem Glauben an Jesus Christus und von seinem Trainer, der überzeugt davon ist, dass Cacau das Talent hat, um Profi zu werden. Dieser Trainer bekommt eines Tages Besuch von seinem Vetter Osmar de Oliveira. Der Musiker lebt seit 1981 in Deutschland und befindet sich auf Heimaturlaub. Der Trainer bittet seinen Vetter, Cacau mit nach Deutschland zu nehmen. Das Abenteuer Karriereplanung beginnt. Und es beginnt mit Hindernissen. Das Vorspielen in verschiedenen Vereinen, von de Oliveira organisiert, bleibt ohne Erfolg. Der Musiker, Chef einer Sambaband und Tanztruppe, hat Cacau bei sich aufgenommen. Der mittellose 18-Jährige revanchiert sich dafür. Wann immer die Band auftritt, geht Cacau den Musikern hinter den Kulissen zur Hand, hilft beim Auf- und Abbau. Sambatanzen kann er nicht (er weiß bis heute nicht, ob er es kann). Auf Anraten des Freundes beginnt Cacau sofort, die deutsche Sprache zu lernen. Es bleibt ihm gar nichts anderes übrig, er ist auf sich allein gestellt, er hat keinen Übersetzer. Er kauft sich ein Buch und eine CD, die er immer wieder hört. Er kommt voran, Cacau lernt schnell, versucht immer wieder Zeitungsartikel zu lesen. Cacau versteht viel, mehr, als viele glauben – aber er sagt nichts. Er traut sich nicht zu sprechen, die Angst, etwas Falsches zu sagen, lässt den Perfektionisten verstummen. Ein Fehler, denn mit dem Sprechen dauert es viel länger als mit dem Verstehen. Er überlegt sich jedes Wort genau.

Der Fußball kommt in Bewegung. Osmar de Oliveira, dem er so viel zu verdanken hat, verschafft ihm erneut ein Vorspielen. Im Jahr 2000 kickt er eine Saison für die Amateure von Türk Gücü München. Olveira bringt ihn anschließend bei den Amateuren des 1. FC Nürnberg unter. Als die Profis dort große Verletzungssorgen haben, spielt er sich in die erste Mannschaft. Cacau ist Profi, er hat es geschafft. Noch im Winter fliegt er zurück nach Brasilien, um seine Jugendliebe und Verlobte Tamara zu heiraten. Er nimmt sie mit nach Deutschland. Im Sommer 2003 verpflichtet ihn der VfB.

Cacau geht seinen Weg, auch außerhalb des Platzes. Er folgt seinem Herzen und seinem Glauben. Er gehört keiner Konfession an, will aber nach der Bibel leben. In Stuttgart wird er Mitglied einer Art freien evangelischen Kirche, eine deutsch-brasilianische Gemeinde, die im Lauf der Jahre immer internationaler wird. Cacau engagiert sich für SportsMeetsCharity, eine gemeinsame Plattform von Sponsoren und Sportlern, die die Athleten dazu nutzen, um soziale Projekte zu empfehlen. Er leitet „unter lauter normalen Menschen" den Vorsitz im Kuratorium der Deutschen Kindersuchthilfe. Die Stiftung des Blauen Kreuzes, das mit Alkoholsuchtkranken arbeitet, hat sich zum Ziel gesetzt, Kinder von Suchtkranken so früh wie möglich zu erreichen, um ihnen das Schicksal der Eltern zu ersparen. Er erfährt, dass Alkoholsucht noch immer ein Tabuthema ist, auch in der Mannschaft interessiert sich niemand für diese Dinge.

Cacau, mittlerweile Vater zweier Kinder, entschließt sich 2010 gemeinsam mit Tamara, über die Organisation World Vision die Verantwortung für zwei Patenkinder in Mozambique zu übernehmen. Die eigenen Kinder bindet er von Anfang an mit ein. Sie malen den Kindern in Afrika Bilder, Cacau schreibt Briefe. Dass er Fußballer ist, wissen die Patenkinder bis heute nicht. Das ist auch nicht wichtig, wichtig wäre vielmehr, die beiden irgendwann einmal besuchen zu können.

Die Persönlichkeit Cacau findet in der Öffentlichkeit längst weit über Stuttgart hinaus Anerkennung, die in der schwäbischen Heimat nur teilweise registriert wird. Der Brasilianer wird einer der nationalen Sympathieträger des Vereins. Schon 2007 erhält Cacau den Goldenen Kompass, Auszeichnung einer christlichen Zeitung, für den offenen Umgang mit seinem Glauben. Er wird Integrationsbotschafter des DFB und erhält 2010 das Silberne Lorbeerblatt – wie alle WM-Teilnehmer von Südafrika.

Ja, die Nationalmannschaft. Stolz und froh ist Cacau, dass er das erleben durfte. Er spricht gern darüber, fast mit ein bisschen Wehmut. Sie haben ihm ja damals auch den Einstieg erleichtert, er kannte ja schon viele. Andreas Hinkel, Philipp Lahm, Thomas Hitzlsperger, Christian Träsch, Mario Gomez. Eine tolle Atmosphäre. Noch nie hat er so viel Respekt erfahren, trotzdem geht es unheimlich locker zu. Und vor allem: Die Nationalmannschaft macht einen besser. Lauter tolle Mitspieler, die Voraussetzungen schaffen, die viele Dinge ganz selbstverständlich machen. Super Ballannahme, klasse Flanken, rasches Mitdenken. Die Nationalmannschaft ist etwas ganz Besonderes.

Die Kehrseite des Glücks auf Zeit: Zurück im Verein muss sich Cacau wieder umstellen. Er hat plötzlich andere Erwartungen und er merkt, dass er die besser in den Griff bekommen und kontrollieren muss. Er will sich nicht runterziehen lassen. Er muss es akzeptieren und das Beste daraus machen: Im Verein hat er es eben mit anderen Spielern und einem anderen System zu tun.

So steigen seine Ansprüche, an sich selbst und an die anderen. Umso härter trifft ihn das Aus vor der EM 2012. Die Saison lief nicht besonders gut für ihn. Er spielt nicht oft, und seiner Meinung nach ist das nicht berechtigt. Umso überraschter ist er, als ihn Joachim Löw trotzdem ins vorläufige Aufgebot beruft. Er bekommt Aufwind, die Motivation steigt, und er sagt sich: „Jetzt pack ich es auch. Ich zieh das durch."

Aber Joachim Löw spielt nicht mit. Er habe sich für eine defensivere Variante entschieden, erklärt der Trainer dem Spieler, zudem habe Cacau ja im Verlauf der Saison viele Probleme gehabt. Cacau kann die Entscheidung nachvollziehen. Vor allem die Art und Weise, wie Löw ihm absagt, verstärkt noch einmal den Respekt, den der Spieler vor dem Bundestrainer hat. Was bleibt, ist die Enttäuschung. Cacau zieht sich zwei, drei Tage zurück, dann geht es in den üblichen Brasilienurlaub zur Familie. Das Gute an Südamerika ist, dass man von einer EM nicht allzu viel mitbekommt. Er kann abschalten, andererseits will er die deutschen Spiele sehen. Globo-TV bittet Cacau, der seit der WM in Südafrika in seiner Heimat ein bekannter Mann ist, beim Halbfinale zwischen Italien und Deutschland die Rolle des Co-Kommentators zu übernehmen. Für den Spieler ist das eine Ehre und auch kein Problem. Cacau weiß ja, was Löw von seinen Spielern erwartet und verlangt.

So verarbeitet er zu Hause in Brasilien auch diesen Tiefschlag, steckt ihn weg wie alle anderen zuvor. Immer wieder muss sich der Stürmer in Stuttgart beweisen, mehr als jeder andere, bei jedem neuen Trainer. Routine habe er, wenn es darum gehe, sich wieder in die Mannschaft zu kämpfen. Schwere Zeiten aber, natürlich gibt es die. Die Momente, in denen er spürt, dass sich schon zwei Kollegen die Beine brechen müssen, bevor er eine Chance bekommt. Vier Wochen kann das dauern, fünf oder gar sieben. Und dann lässt du irgendwann nach. Ganz unbewusst. Es wird immer schwerer dagegenzuhalten, weil die Belohnung, der Einsatz fehlt. Und trotzdem: Man muss immer das Beste geben. Man muss sich immer sagen können, wenn es nicht reicht, liegt es nicht an mir. Reine Kopfsache ist das. Man lernt, nicht aufzugeben. So wie bei Christian Gross 2009. Cacau fühlte sich schlecht behandelt, dennoch vermittelte der Trainer irgendwie den Eindruck, dass man mit guten Leistungen im Training wieder ins Team kommen könnte. Letztlich war es dann doch eine Sperre von Ciprian Marica, die den Weg für Cacau frei machte. Damals in Köln kam, sah und siegte er. Meine Chance, sagte sich Cacau – und machte vier Tore. Danach kam der FC Barcelona, Champions League. Marica ist gesetzt, sagte der Trainer und stieß Cacau vor den Kopf. Muss der Trainer wissen, sagte sich Cacau, mehr als vier Tore vorlegen kann ich nicht. Cacau spielte dann doch, machte das 1:0, hatte das 2:0 auf dem Fuß, traf nur den Innenpfosten. Mann, sie hätten Barcelona schlagen können, es wurde ein 1:1. Aber Cacau traf weiter, im Heimspiel gegen Frankfurt sorgte er mit seinem Doppelpack für den Sieg. Und Cacau wusste: Gott spielt eine Rolle. Er gibt mir die Kraft. Menschlich lässt sich das nicht erklären. Deshalb geht nach jedem Tor der Blick nach oben, der Arm nach oben, der Finger zeigt Richtung Himmel: Danke, Gott.

Zehn Jahre VfB Stuttgart mit Stolz und Gottvertrauen. Meisterschaft gefeiert, Nationalspieler geworden, Rückschläge erlitten, Krisen durchlebt, immer wieder Hoffnung geschöpft, nie das Rückgrat verloren. Ein Ende ist nicht abzusehen. Momentan ist Cacau weg von der Mannschaft, die Rehabilitation ist ihm lieber so. Seine Rolle als erfahrener Spieler könnte er nicht ausfüllen. Wer nicht spielt, wer keine Leistung bringen kann, für den interessiert sich eh kaum jemand. Weder für das, was er sagt, noch für das, was er tut. Er muss wieder fit werden, dann gehört er wieder dazu. Irgendwie. Sind eben lauter junge Kerle, er kann ja abends nicht mit ihnen losziehen, essen gehen, gerade wie es ihnen gefällt. Er kann doch seine Tamara und die Kinder nicht immer allein zu Hause lassen. Und außerdem: Was die Kollegen unter Feiern verstehen, also das gefällt ihm sowieso nicht. Aber, ist schon in Ordnung so.

Viel mehr Sorgen macht ihm die momentane Situation. Er hat ja schon viele Krisen erlebt. Da hatten sie ein Problem, ein Loch so groß wie ein Fußballstadion. Aber dann kam ein neuer Trainer, legte den Schalter um, und es ging wieder. Überhaupt habe beim VfB immer der Trainer das Sagen. Aber er geht ja dann immer wieder. Das ist nicht gut. Jetzt sieht er einen Haufen kleiner Probleme, an vielen Ecken, und man weiß nicht so recht, wo man anfangen soll. Das macht es schwierig. Und wenn er, Cacau, sich die letzten sieben, acht Jahre so anschaut, dann fragt er sich manchmal, ob der VfB nicht vielleicht ein Strukturproblem hat.

140

Kapitel 4

Die Kunst des schnellen Umschaltens

Die schwarze Null muss stehen

Powerpoint. Das ist die moderne Art der Verführung mit einer fast schon wieder veralteten Technik. Aber wer am Computer ein bisschen Phantasie walten lässt, um mit seinen Fakten, Plänen, Wünschen und Vorstellungen die angestrebte Wirkung zu erzielen, kann sich seiner Überzeugungskraft sicherer sein. Die ist umso wichtiger, wenn es um ein so entscheidendes Thema und einen Tagesordnungspunkt mit höchster Priorität geht: die sportliche Zukunft des VfB. Bereits im Frühjahr werden, nach monatelanger Vorarbeit, die Weichen für die neue Saison gestellt. Manager Fredi Bobic und Sportdirektor Jochen Schneider halten deshalb heute ihre Präsentation vor dem wichtigsten Gremium des Vereins: dem Aufsichtsrat. Bobic und Schneider zeigen, auf welchen Positionen die sportliche Führung intensiv nach Verstärkungen und Ergänzungen sucht.

Fast hat es den Anschein, als sei das Auditorium in zwei Lager gespalten. Auf der einen Seite sitzen die mächtigen Herren des Aufsichtsrats, der Vorsitzende Dr. Dieter Hundt, sein Stellvertreter Dr. Joachim Schmidt, Dr. Eduardo Garcia, Hansi Müller, Ralf Klöpfer und Rudolf Zipf. Ihnen gegenüber hat die Vereinsspitze Platz genommen. Präsident Gerd E. Mäuser, Finanzvorstand Ulrich Ruf, Direktor Stefan Heim und das Duo Bobic/Schneider. Den Verantwortlichen für die fußballerischen Erfolge geht es nicht darum, den Aufsichtsrat von ihren Fachkenntnissen zu überzeugen, sondern schlicht und ergreifend darum, so viel wie möglich finanzielle Mittel für die Planungen bewilligt zu bekommen. Ein schwieriges Thema in Zeiten eines rigorosen Sparkurses, an dem sich die Geister zusehends scheiden. Das Bankkonto des Vereins ist nicht zur Selbstbedienung für Manager freigegeben wie die Gulaschkanone, an der sich die Teilnehmer der Sitzung immer wieder zur Stärkung einen

Nachschlag holen. Aber zwischen einem rücksichtslosen „Koste es, was es wolle" und der seit Jahren anhaltenden Zurückhaltung des VfB auf dem Transfermarkt gibt es eine Vielzahl von denkbaren Spielarten, um sich einen schlagkräftigen Kader zusammenzustellen. Nach Meinung der sportlichen Führung zeigt gerade diese Saison mit dem Tanz auf drei Hochzeiten, dass die Absicht des Vereins, zusätzliche Einnahmen hauptsächlich über Transfererlöse zu erzielen, die Mannschaft auf Dauer nicht stärker macht, sondern sie sogar in ernsthafte Schwierigkeiten bringen könnte. Dieter Hundt zeigt sich bisher wenig beeindruckt von den Bedenken des Managers. In dieser Sitzung fällt vonseiten des Aufsichtsrats vielmehr der Hinweis, dass Vereine mit kleinerem Personaletat weit vor dem VfB in der Tabelle stehen. Bobics Erklärung: Es sei eben etwas anderes, ob man nur Bundesliga spielen oder bis tief in die Rückrunde hinein zusätzlich noch DFB-Pokal und Europapokal-Begegnungen bestreiten müsse. Es wird zur Kenntnis genommen.

Der Präsident hält sich strikt an den harten Sparkurs, der vom Aufsichtsrat ausgegeben wurde. Gerd E. Mäuser, vor zwei Jahren trotz innerer Widerstände satzungsgemäß von Dieter Hundt als neuer Präsident vorgeschlagen, gerät unter anderem deshalb zunehmend in die Kritik – öffentlich und intern.

Die Spanne zwischen Anspruch und Wirklichkeit war beim VfB ja schon immer ein Problem. Gerade scheint eine neue Diskussion über das eigene Selbstverständnis zu entbrennen. Nicht laut, nicht persönlich, aber in der Sache doch immer härter. Ein Geschäftsmodell gerät ins Wanken. Getrieben wird das Bemühen, den hochkarätigen Spielbetrieb in der deutschen Eliteklasse auf Dauer zu sichern, stets von der einen, entscheidenden Frage: Womit verdient der VfB eigentlich sein Geld, das immer wichtiger wird in einer Bundesliga, die sich längst in eine Mehrklassengesellschaft aufteilt und in der ein Verein höllisch aufpassen muss, um nicht immer weiter nach hinten durchgereicht zu werden?

Auf dem Wasen haben sie ihre Einnahmequellen in fünf Bereiche eingeteilt: Transfererlöse, TV-Gelder, Zuschauer, Vermarktung/Sponsoring und Sonstiges. Zu diesem letzten Posten zählt unter anderem das Merchandising, also der Verkauf von Trikots, Schals und anderen VfB Accessoires, was leider bisher wenig Bedeutung besitzt. Jede dieser fünf Quellen hat einen Anteil an den Gesamteinnahmen, der zwischen 17 und 24 Prozent liegt.

Ausgaben und Einnahmen verteilen sich beim VfB auf insgesamt neun Tochtergesellschaften, die aber nicht alle aktiv sind. Ihre Gründung war aufgrund des deutschen Vereinsrechts und den DFB-Richtlinien einst notwendig, um den VfB zum schlagkräftigen Wirtschaftsunternehmen zu formen. Geht es an die Bilanz, müssen alle Gesellschaften wieder zusammengeführt werden, ein kreativer Zahlendschungel aus Aktiva, Passiva und Abschreibungen, in dem sich kein normaler Mensch zurechtfindet. Ulrich Ruf hat deshalb auch den Spruch geprägt: „Wenn ich bei der Hauptversammlung aufs Podium trete, um satzungsgemäß die finanzielle Lage des Vereins zu erläutern, ist das für unsere Mitglieder das Zeichen, sich eine Heiße Rote und ein Bier zu holen."

Allen Phantasien zum Trotz lassen Ulrich Ruf die neun Tochtergesellschaften beim Bilanzieren wenig Spielraum. Er nutzt ihn zum Wohl des VfB zwar voll aus, aber mehr nicht. Ruf kennt alle Tricks, auch die, die man lieber nicht anwenden sollte, und deshalb macht er es auch nicht. Dass Vereine im Kampf um eine neue Lizenz alte Trainingsplätze auf der Habenseite schon mal als teuren Baugrund verbucht haben, soll ja schon vorgekommen sein. Aber nicht bei Uli Ruf. Der gute Schlaf und der ruhige Blick in den Spiegel sind ihm wichtiger. Dabei sind die Versuchungen groß. Zweimal jährlich muss Ruf dem Aufsichtsrat eine vorläufige Bilanz vorlegen. Der DFB erhält eine für das Lizenzierungsverfahren, und künftig will auch die UEFA bedient werden, wenn es um die Kontrolle des Financial Fairplays geht, das als Voraussetzung für die Teilnahme am Europapokal gelten wird. Jedes Mal sind die Anforderungen andere, aber dank Ruf und seiner Mannschaft erfüllt der VfB die europäischen Bedingungen schon jetzt. Das mag nach vorauseilendem Gehorsam aussehen, Ruf allerdings ist der festen Meinung, dass, sobald das Financial Fairplay in Kraft tritt, „viele Vereine in Europa ein böses Erwachen erleben werden".

In Stuttgart geht es schwäbisch, also mit rechten Dingen zu. Mehr noch, die Infrastruktur entwickelte sich prächtig. Der VfB hat in den vergangenen Jahren große finanzielle Anstrengungen unternommen, sich ein reines

Fußballstadion bauen lassen, den Logenbereich erweitert, das Carl Benz Center ist entstanden, das Trainingsgelände wurde modernisiert und erweitert, mit der VfB Reha-Welt verfügt der Verein über eine optimale medizinische Betreuung, ein neues Jugendzentrum ist geplant, sämtliche Finanzierungen sind gesichert.

Die sportliche Entwicklung allerdings konnte mit der der Infrastruktur nicht ganz mithalten. Seit der Meisterschaft 2007 geht es, wenn auch in Wellen, eher leicht bergab. Das lag zum einen vermutlich an der raschen Folge vieler Trainer, deren Personalwünsche den Kader mächtig durcheinandergewirbelt, in Schieflage gebracht und unausgeglichen gemacht haben. In dieser Phase hat der Verein, der jeden Euro selbst verdienen muss, seinen Platz in der Hierarchie der Bundesliga selbst definiert. Die klubeigene Kategorisierung der Bundesliga sieht so aus: Dortmund, Bayern München und Schalke bilden „die großen Drei". Danach kommen die im VfB Sprachgebrauch sogenannten DAX-Vereine, Klubs, deren finanzielle Lage durch Unternehmen oder Mäzene erheblich geschönt wird. Das sind Leverkusen (Bayer-Werke), Wolfsburg (VW), Hoffenheim (SAP-Gründer Dietmar Hopp), Hannover (Hörgeräte Kind, gleichzeitig Präsident) und Hamburg (Spedition Kühne). Erst dann sieht sich der VfB mit Vereinen wie Bremen und Gladbach auf Augenhöhe.

Aus dieser Rangliste die Tabellenregion ableiten, in der sich der VfB bewegen sollte, mag die Vereinsführung aber auch nicht. Diese Bescheidenheit wäre schon intern umstritten und ließe sich auf Dauer nach außen überhaupt nicht verkaufen. Die Stuttgarter Zuschauer sind anspruchsvoll, sowohl was die Spielweise ihrer Mannschaft als auch den Erfolg betrifft. Schließlich liegt der Verein in der ewigen Bundesliga-Tabelle immer noch auf Platz vier vor Borussia Dortmund. In Stuttgart gilt eine Saison, in der der VfB die Teilnahme am europäischen Geschäft verpasst, als schlechte Saison.

Um diese Diskrepanz zwischen Wunsch und Wirklichkeit zu überwinden, braucht auch der VfB zusätzliches Geld. Untersucht der Verein seine Einnahmequellen, kommt er aber zu dem Schluss, dass der Möglichkeit, in den Bereichen TV-Gelder, Zuschauer, Vermarktung/Sponsoring und Sonstiges die Einnahmen zu steigern, natürliche Grenzen gesetzt sind. Allein durch lukrative Transfers komme man schnell zu merklich mehr Geld, das dann zur Stärkung des Kaders wieder sinnvoll investiert werden sollte. Nur, Transfers sind so eine Sache. Die Italiener nennen die Spielerbörse nicht umsonst Mercato. Wie es auf dem Markt zugeht, weiß jeder.

Seit der Meisterschaft, sicher auch bedingt durch die vielen Trainerwechsel, bewies der VfB auf dem Transfermarkt nicht immer ein glückliches Händchen, erfüllte überzogene Gehaltsforderungen, unter denen der Verein jahrelang zu leiden hatte, oder er kaufte schlichtweg die falschen Spieler. Andererseits wurden wichtige Kräfte abgegeben oder sie wollten weg. Die Liste guter bis klangvoller Namen ist lang und hier nicht vollständig: Mario Gomez, Sami Khedira, Pavel Pardo, Kopf der Meistermannschaft, und sein mexikanischer Landsmann Ricardo Osorio, Thomas Hitzlsperger, Fernando Meira, Matthieu Delpierre, Khalid Boulahrouz, Julian Schieber oder Maza, der im vergangenen Sommer beim Confed-Cup in Brasilien die mexikanische Abwehr dirigierte.

Um der Lage wieder Herr zu werden, eine bessere Kontrolle über die sportliche Führung zu bekommen, die ja ständig wechselte, verordnete sich der VfB einen Sparkurs, der immer strikter wurde. So gingen viele gute Spieler oder wurden für gutes Geld verkauft. Gleichwertig ersetzt wurden sie aber immer seltener. Schleichend verlor die Mannschaft an Substanz. Als Fredi Bobic im Sommer 2010 sein Amt als Manager antrat, fingen die Probleme mit Trainer Christian Gross gerade an. Der Schweizer musste gehen, unter Interimstrainer Jens Keller zeigte die Mannschaft keine Besserung, und als Bruno Labbadia den Kader im Dezember übernahm, war der VfB im Grunde schon abgestiegen. Seit der Rettung, glaubt der Trainer, „arbeiten Fredi Bobic und ich hauptsächlich Altlasten ab".

Der Verein, sagt Bruno Labbadia, sei immer fair gewesen und habe ihm reinen Wein eingeschenkt. Bevor er im Januar 2013 seinen Vertrag verlängerte, habe er lange überlegt, ob er diesen schweren Weg weiter mitgehen solle. Denn die Lage hatte sich verändert. Eine Saison nach dem Fastabstieg erreichte der VfB wieder die Qualifikation für die Europa League, ein Erfolg, der gar nicht vorgesehen und vom Verein auch nicht gefordert worden war. Trotzdem wurde der Sparkurs weiter strikt eingehalten. Fredi Bobic musste auf dem Transfermarkt Geld verdienen und investierte nur eine Leihgebühr von 300.000 Euro für den Schalker Tim Hoogland, der aber wegen ständiger Verletzungen der Mannschaft nicht helfen kann.

Schon vor der Saison haben Trainer und Manager die Vereinsführung darauf hingewiesen, dass der Kader für eine ernsthafte Teilnahme an drei Wettbewerben nicht tauglich sei. Stark genug ja, aber viel zu klein. Bis zur Winterpause konnte die Mannschaft das kompensieren. Aber im Trainingslager in der Türkei standen den Trainern – ohne dass der VfB größeres Verletzungspech zu beklagen hatte – gerade mal 16 Spieler zur Verfügung. Labbadia konnte nicht einmal zehn gegen zehn spielen. Etwas, was ihm in seiner bisherigen Trainerlaufbahn noch nie passiert war. Der Grund dafür waren die üblichen unvorhersehbaren Ereignisse. Heimkehrer Daniel Didavi, der schon verletzt aus Nürnberg zurückkam und zur Rückrunde fit sein sollte, hatte einen Rückschlag erlitten, der eine neuerliche Operation erforderte und ihn für die ganze Saison außer Gefecht setzte. Und da war Cacaus Trainingsunfall, ein Kreuzbandriss, der ihn ebenfalls für den Rest der Saison aus der Wertung nimmt. Und Hoogland.

Das sind Dinge, die immer passieren können, im Fall des VfB ist das für den Trainer aber der Beweis, dass alles so eng gestrickt ist, dass nichts passieren darf. In der Türkei seien die Spieler zu ihm gekommen. „Trainer, passiert eigentlich noch was? Kommt noch jemand?" Labbadia erklärte, versuchte Verständnis für die Situation des Vereins zu erzeugen, nahm die Spieler mit ins Boot, in die Verantwortung. „Wir müssen es irgendwie so schaffen." Mittlerweile beklagt Kapitän Serdar Tasci „fast körperliche Schmerzen, wenn ich auf die Tabelle schaue". Da stehen Mannschaften vor seinem VfB, das könne einfach nicht sein. Die Bundesliga hat unter dem Dauerstress tatsächlich erheblich gelitten. Allerdings, gibt Labbadia zu bedenken, habe die Mannschaft bereits reichlich zusätzliches Geld eingespielt. Denn nach den Budgetplanungen zu Saisonbeginn seien seine Spieler im DFB-Pokal bereits zwei Runden weiter gekommen, als vorgesehen, und in der Europa League eine Runde. Der Manager geht längst in die Offensive. Dem Aufsichtsrat hat Fredi Bobic nach der Winterpause unmissverständlich gesagt, dass es so nicht gehe. Außerdem „stinkt mir die schlechte Stimmung wie die Sau". Die

Mannschaft habe trotz der Umstände bereits mehr erreicht, als für möglich gehalten worden sei. Unter diesen Bedingungen könne man ihr nicht vorwerfen, keinen Traumfußball zu spielen. Wenn es künftig um Geld für neue Spieler gehe, so Bobic, werde es knirschen und krachen. Dieter Hundt und der Präsident bleiben bisher hart. Im gesamten Aufsichtsrat jedoch zeigt sich mehr und mehr Verständnis für die sportliche Führung. Auch Finanzvorstand Ulrich Ruf hat wissen lassen, dass man mit ihm über den Begriff „Risikobereitschaft" durchaus diskutieren könne.

Deshalb ist die Stimmung etwas angespannt bei der heutigen Aufsichtsratssitzung. Offen ausgetragen werden die Meinungsverschiedenheiten aber nicht. Vielmehr einigen sich alle Verantwortlichen auf die Hoffnung, die gute Jugendarbeit des Vereins werde künftig nicht nur den Profikader mit jungen Spielern verstärken, sondern zusätzlich durch gut ausgebildete Jungprofis Erlöse auf dem Transfermarkt erzielen. Fredi Bobic sagt nichts. Ob das ein guter Plan ist? Die Jugendarbeit des VfB, erfolgreich und viel gelobt, soll bei den Profis jetzt alles richten? Wenn das so einfach wäre.

Heimspiel

„Wie kommst du denn so zurecht als junger Spieler?"

Antonio Rüdiger: „Alles in Ordnung. Alles super."

„Ja, aber es könnte ja besser laufen in der Bundesliga. Beeinflusst das nicht deine . . .?"

Antonio Rüdiger: „…nein, nein, wieso denn? Wir können doch stolz sein auf das, was wir erreicht haben. Wir sind neben den Bayern die Einzigen, die noch in drei Wettbewerben dabei sind. Wir stehen im Pokalhalbfinale, jetzt spielen wir in der Europa League gegen Lazio. Kein Grund, Stress zu machen."

Der arme Junge. Fühlt sich richtig unwohl. Hat Bedenken, irgendetwas Falsches zu sagen. Irgendwie verständlich für einen, der gerade erst anfängt. Ist vergangene Woche 20 geworden. Was für ein Brocken. 1,90 Meter groß, 85 Kilo schwer. Fett hat der nur auf seinen Fußballschuhen, falls man das für die Pflege der Hightech-Treter heute überhaupt noch braucht. Und dann die Augen. Wie zwei Bi-Xenon-Scheinwerfer. Da zuckt doch jeder Gegenspieler zusammen.

„Ich meine deine Entwicklung. Wäre vielleicht ein bisschen einfacher, wenn die ganze Mannschaft etwas besser auftreten würde."

Antonio Rüdiger: „Ich seh das positiv. Ich wollte in meinem ersten Profijahr auf 15 Einsätze kommen. Die habe ich schon. Ich meine, natürlich will man mehr. Ich bin nicht sicher, aber so, wie es aussieht, spiele ich gegen Lazio. Vielleicht. Das wäre mein größtes Spiel bisher. Trotzdem, man muss auf dem Boden bleiben. Und ich bin bodenständig."

„Was glaubst du denn, wo du stehst in der Mannschaft?"

Antonio Rüdiger: „Ich weiß, wo ich mich unterzuordnen habe. Ich bin kein Unruheherd, kein Bad Boy, nix. Das gibt es beim VfB eh nicht."

Er beißt sich dauernd auf die Lippen. Lass ihn in Ruhe. Das hier ist kein Fußballplatz. Er fühlt sich eingeschlossen. Wie im Verhörraum bei der Polizei, so wie man es aus dem Fernsehen kennt. Vielleicht fangen wir mal ganz anders an.

„Wie war das eigentlich, als du mit Fußball angefangen hast?"

Antonio Rüdiger: „Das war komisch. Ich meine, die meisten fangen ja mit fünf oder sechs Jahren an. Ich war schon fast acht. Da haben mich meine Eltern zum Fußball geschickt."

„Warum?"

Antonio Rüdiger: „Ich sollte abnehmen. Ich war zu dick."

Na also, geht doch.

Bei Familie Rüdiger in Berlin-Kreuzberg ist immer was los. Mama Lilly aus Sierra Leone und der deutsche Papa Matthias kümmern sich liebevoll um ihre Kinder. Um Sohn Sahr Senesie, der im Fußball viel Talent beweist, um die vier Töchter und um den kleinen Antonio. Das jüngste Mitglied der Familie könnte etwas Bewegung gebrauchen, weshalb die Eltern beschließen, das Kind Fußball spielen zu lassen, wie den großen Bruder. Antonio spielt sich durch mehrere kleine Berliner Klubs, bis er 2006 bei Hertha Zehlendorf landet. Und während sich Antonio Spiel für Spiel zu einem gefährlichen Stürmer entwickelt, versucht Bruder Sahr Senesie, bei Borussia Dortmund endgültig den schweren Sprung zu schaffen und Teil des Stammpersonals zu werden. So spricht es sich bis nach Dortmund herum, dass dieser Sahr Senesie noch einen kleinen Bruder hat, den man im Auge behalten sollte. Für die Dortmunder Talentscouts ist Berlin eine Reise wert.

Antonio ist gerade mal 15 Jahre alt, als er zu Borussia Dortmund wechselt, aber Tipps vom Bruder gibt es weiterhin nur telefonisch. Sahr Senesie ist nach Trier gewechselt. Und Antonio? Raus aus Kreuzberg, weg von zu Hause. Der Einzug ins Internat des großen Traditionsvereins Borussia hat ja was zu bedeuten. Es ist jetzt endgültig vorbei mit dem Fußball als reinem Bewegungsspaß. Aus der Lust am Spiel könnte mehr werden, eine richtige Zukunft. Und der Bub muss lernen, allein zu leben. Bedenken? Hallo! Kreuzberg, da ist doch so ein bisschen Dortmund ein Klacks. Ein Antonio Rüdiger jammert nicht rum. Er geht stolz und aufrecht durchs Leben und nimmt es in beide Hände. Von zu Hause aus hat man ihm dafür alles mitgegeben.

Er spielt mit Leidenschaft und mit Kraft, so wie er es gelernt hat. Wenn da nur dieser Körper nicht wäre, der macht, was er will. Antonio beginnt zu wachsen, in Dortmund beobachten sie diese Entwicklung genau und entschließen sich, darauf zu reagieren.

„Antonio, könntest du dir vorstellen, in der Abwehr zu spielen?", fragt sein Trainer. Antonio ist Stürmer, aber in erster Linie ist er Fußballer. Er will spielen. Und wenn der Trainer meint, er solle in die Deckung, grätschen, Ball erobern, Seite zumachen, ja, was soll er denn dann sagen? „Klar, mach ich, Trainer", sagt Antonio und strahlt, „hinten ist okay."

Antonio Rüdiger bringt alles mit, und er weiß ja kaum, wohin mit seiner Kraft. Die Umschulung zum Verteidiger ist kein Problem, fast ein bisschen ungestüm geht er in die Zweikämpfe. Aber da ist immer noch dieser Körper, der wächst und wächst. Von normal auf 1,90 in null Komma nichts – das fährt in die Glieder. Er bekommt Probleme mit den Knien, wird ein bisschen unbeweglicher. In Dortmund verordnen sie Sondertraining mit dem Fitnessspezialisten.

Er arbeitet hart, bekommt das wieder in den Griff. Ein gutes Gefühl, als der Körper wieder einwandfrei funktioniert. 2010 wird er Jugendnationalspieler, DFB-Trainer Horst Hrubesch hat einen Narren an dem jungen Hünen gefressen. Horst Hrubesch war als Spieler ja auch so eine Kante. Antonio Rüdiger schaut auf zu diesem Trainer, er wird für ihn eine ganz wichtige Bezugsperson, ein väterlicher Freund.

Antonio ist 18, spielt aber meistens bei den älteren Jahrgängen. Wenn die Karriere vorangehen soll, muss er in der 3. Liga Fuß fassen. Das ist sein Plan, nichts kann ihn davon abbringen. In Dortmund stecken sie ihn aber in die U19-Auswahl, weshalb Rüdiger im Februar 2011 zum VfB Stuttgart wechselt. Er zahlt dafür einen hohen Preis. Antonio Rüdiger wird wegen des Vereinswechsels nach Ablauf der Transferperiode für ein halbes Jahr gesperrt. Eine schwierige Zeit beginnt, die ihm hauptsächlich ein Mensch leichter macht: Horst Hrubesch. Der Trainer der Jugendnationalmannschaft hält trotz Sperre an ihm fest, beruft ihn zu seiner eigenen Überraschung zu jedem Länderspiel. Und wieder spürt Antonio, dass da einer ist, der ihn nie im Stich lässt. Er zahlt es mit 100 Prozent Leistung zurück.

Es geht ganz schnell in Stuttgart, und Antonio, der Verteidiger, gehört zum Kader der U23. Wieder macht er neue Erfahrungen, nämlich dass da oben im Seniorenbereich der Fußball spürbar anders gespielt wird als in der Jugend. Körperlich ist alles viel intensiver, er muss sich ganz anders durchsetzen. Er, der Brocken, hat dabei nicht mal so viele Probleme, die Umstellung fällt ihm leicht. Aber im spielerischen Bereich, das merkt er selbst, fehlt ihm oftmals die nötige Ruhe, die Übersicht. Er ist froh, dass sich sein Trainer Jürgen Kramny darum kümmert, ihn weiterbringt. Und er ist froh, dass ihn Herr Labbadia bei den Profis mittrainieren lässt.

Aufgeregt ist er, wie das so ist beim ersten Mal. „Wie werden die Profis mich aufnehmen?", fragt er sich. Aber es kommt ganz anders, als er es befürchtet hat. Die Spieler gehen gleich auf ihn zu, die Trainer und Betreuer, eigentlich alle. „Junge", sagen sie zu ihm, „ist doch völlig normal, dass du aufgeregt bist und Fehler machst. Jetzt mach dir mal keinen Kopf." Er spürt, wie sich dadurch gleich sein Gefühl ändert, der Anfangsverdacht der Abweisung

Blödsinn war. Er wird lockerer. Immer wieder darf er bei Herrn Labbadia mittraineren, in Gladbach macht er gar sein erstes Bundesliga-Spiel. Das läuft nicht so gut, aber er bleibt dran, er will es jetzt wissen.

Der DFB verleiht ihm 2012 die Fritz-Walter-Medaille als bester deutscher Nachwuchsspieler seines Jahrgangs. Stolz macht ihn die Auszeichnung, gleichzeitig versucht er, sich diesen Stolz nicht allzu sehr anmerken zu lassen. Vielleicht kommt das bei den anderen ja nicht so gut an. Das Jahr ist um, und er wird von Herrn Labbadia voll zu den Profis übernommen. Er gehört jetzt dazu. „Alles richtig gemacht bis jetzt", denkt sich Antonio. Der schwere Schritt mit 15 weg aus Kreuzberg, Dortmund, seinen Körper gebändigt, auf Verteidiger umgestellt, die Sperre in Kauf genommen, Stuttgart – alles okay. Etappenziel erreicht, Profi geworden. Er setzt sich neue Ziele: Auf 15 Einsätze will er im ersten Jahr kommen.

Aber der Sprung von der U23 zu den Profis, Mannomann, der ist gewaltig. Spielerisch geht das hier sehr, sehr schnell. Da bleibt ja keine Zeit zum Nachdenken, du musst mit dem Kopf immer voll bei der Sache sein. Bevor du den Ball bekommst, musst du wissen, wie es weitergeht. Antonio arbeitet an sich, versucht, sich immer voll zu konzentrieren. Denn in so einer Profimannschaft geht es ja nicht nur um das Spiel allein. Er gehört dazu, also muss er sich auch an die Hierarchie halten. Junge Spieler fangen irgendwo ganz unten an, aber wo genau? Ab und zu läuft Antonio gegen eine Wand, ist aber normal. Er muss eben lernen, wo er sich unterzuordnen hat. *Bild* macht eine Riesengeschichte: der coolste Profi des VfB. Antonio, der Hip-Hop-Fan, bei einer Übungsstunde in der New York City Dance School. Große Buchstaben, tolle Fotos, Antonio in Action. Na, darauf haben die anderen nur gewartet. In der Kabine geht's hoch her. Klar, sie nehmen den Jungen auf den Arm. Aber wie. Und wenn schon. Mal ehrlich jetzt: Wenn es ums Tanzen geht, dann ist er aber mit Abstand der Beste. Antonio weiß das, und die anderen wissen das. Aber er sagt nix. Verarschen ist okay, das hält er aus.

Trotzdem, er fällt ins Loch. Es geht nichts voran. Es kommen Zweifel. „Warum spiel ich nicht?", fragt er sich. Er telefoniert mit seinem Bruder, der ihm Tipps geben kann. Und er telefoniert wie so oft mit Horst Hrubesch. Irgendwas stimmt nicht, er weiß nicht, was. Er ist unzufrieden mit sich und der Welt. Seine Körpersprache sendet Signale, und Serdar Tasci nimmt ihn zur Seite. Der Kapitän hat Verständnis, hat selbst schon genug mitgemacht, aber er ist auch konsequent. „Pass auf, Toni", sagt Serdar, „du musst in jedem Training Gas geben. Vollgas. Mehr geht nicht. Du kannst nicht beeinflussen, was passiert. Nur immer Vollgas geben. Und das Wichtigste dabei ist, du musst es mit Freude tun."

Freude? Das ist es. Tasci hat recht. Die Freude ist ihm abhandengekommen, der Spaß am Spiel. Er weiß nicht wann, und er weiß nicht, wie das passieren konnte, aber die Freude ist weg, das ist der Knackpunkt. Rüdiger geht in sich und sagt sich: „Komm jetzt, stell dich nicht so an, du machst es doch für dich. Also hab Spaß bei der Sache."

Serdar Tasci. Antonio Rüdiger wusste schon lange, dass das sein Mann ist. Thiago Silva, Paris, das ist für Antonio Rüdiger einer der besten Verteidiger der Welt. Aber hier, Cannstatt, Deutschland, Bundesliga, ist Serdar Tasci sein Orientierungspunkt. Zweikampfstark, spielerisch stark, große Erfahrung. Antonio spürt, dass ihm zu einem Tasci noch ein ganzes Stück fehlt. Er beobachtet den Kapitän im Training, er schaut, wie Tasci Probleme löst, so wie Tasci früher im Fernsehen schaute, wie Cannavaro Probleme löste. Rüdiger sieht, was er besser machen muss. Und wenn es nicht von selbst geht, fragt er Tasci. Der Kapitän hat immer ein offenes Ohr für ihn. Wenn es mal mit der Einordnung in die Hierarchie wieder nicht geklappt hat, kann er auch den Kapitän fragen: „Serdar, ehrlich, muss ich mir das jetzt gefallen lassen?"

Das Selbstvertrauen wächst. Mit jedem Einsatz wird es ein bisschen größer. 15 Einsätze, das war das Ziel, und er hat es früher erreicht, als er dachte. Will er jetzt mehr? Natürlich will er mehr, es muss ja weitergehen. Aber er muss auch auf dem Boden bleiben, realistisch sein. Profifußball ist kein Wunschkonzert. Jedenfalls, es geht voran. Ab und zu, Zeit bleibt ja gerade nicht viel, ist er mit Kevin Stöger unterwegs. Der Österreicher, sein Kumpel sozusagen. Wenn er dann auf der Straße erkannt wird, macht ihn das schon stolz. Sagt einer „Hallo", grüßt er ordentlich zurück. Das hat was mit Respekt zu tun. Er ist gut erzogen von zu Hause aus, da verhält man sich auch draußen entsprechend. Und wenn er mal dumm angemacht wird, also dann reißt er sich eben zusammen und sagt sich: „Komm, egal, steh drüber."

Er hat sich ganz gut eingelebt in Stuttgart. Dortmund, das Internat, war ja die Vorstufe. Hier lebt er allein, richtige Wohnung, hat er ja in Dortmund gelernt, damit umzugehen. Na ja, kochen tut er nicht, er geht meistens essen, am liebsten Spaghetti. Und Schlaf braucht er viel, acht Stunden müssen es auf jeden Fall sein. Und wenn mal Zeit ist, dann fliegt er nach Berlin zur Familie, er hat immer noch einen tollen Kontakt, weil sich das innerhalb der Familie so gehört. Neulich konnte er in Berlin seinen 20. Geburtstag feiern.

Aber für solche Ausflüge bleibt ja gerade keine Zeit. Alle drei Tage ein Spiel. So wie jetzt. Gegen Lazio Rom. Europa-League-Achtelfinale. So wie es aussieht, spielt er. Wäre sein bisher größtes Spiel. Aber man weiß es nicht genau. Oder eigentlich doch. Na, mal sehen. Ruhig bleiben auf jeden Fall. Auf dem Boden.

Die Zukunft braucht morgen auch noch einen Tag

Der Spagat zwischen heute und irgendwann kann ziemlich groß sein. Es gilt, die aktuellen Sorgen zu vergessen, den täglichen Ärger zu verdrängen, die taktischen Anforderungen für das nächste Spiel auf die Seite zu schieben und Tabelle einfach Tabelle sein zu lassen, um mit klarem Kopf auf die Metaebene des Geschäfts zu steigen. Es geht dann im weitesten Sinne um das Spielsystem von morgen, um Spieler, die es zum Leben erwecken. Es geht um Akteure, die einmal große Verantwortung übernehmen sollen, aber aktuell noch nicht einmal einen Führerschein besitzen, kaum unterschriftsberechtigt sind und deren Probleme man in vielen Fällen am besten noch mit den Eltern bespricht.

Den Blick in die Glaskugel versuchen die Beteiligten des wöchentlichen Jugendmeetings tunlichst zu vermeiden. Wenn Fredi Bobic, Jochen Schneider und Ralf Becker, Leiter Scouting und Junioren, zusammensitzen, geht es um Grundsätzliches, das später auf der Trainerebene vertieft wird. Der VfB investiert nicht nur viel Zeit und Geld in seine Jugendarbeit, er besetzt sie auch hochkarätig. Die U17 beispielsweise wird von Exbundesliga-Spieler Thomas Schneider betreut, der einst selbst den Weg von der VfB Jugendabteilung bis zu den Profis durchlaufen hat. Ein Engagement, das dem VfB im Jugendbereich einen hervorragenden Ruf beschert und als Basis für die Arbeit im Verein gilt.

Kein anderer deutscher Verein konnte bisher so viele Deutsche Jugendmeisterschaften feiern wie der VfB Stuttgart. Aktuell werden auf dem Wasen 38

Jugendnationalspieler quer durch alle Jahrgänge betreut, eine Zahl, die den VfB bundesweit ebenfalls einsam auf den ersten Platz stellt. Dazu kommen weitere 20 ausländische Jugendnationalspieler. Und mit seiner U23 verfügt der VfB über die jüngste und beste Nachwuchsmannschaft der Bundesliga. Sie spielt in Liga 3, wo aus dem Oberhaus nur noch Borussia Dortmund vertreten ist. Der Bundesliga-Topverein kämpft in der 3. Liga regelmäßig gegen den Abstieg.

Die gute Basis bleibt traditionell nicht ohne Folgen. Große Namen sind aus den VfB Jugendmannschaften herausgewachsen. Nationalspieler, Spieler, die eine internationale Karriere machten oder auf dem Wasen zur Identifikationsfigur wurden, wie sie von den Zuschauern so sehr geschätzt werden. Auch im modernen Fußball, ein Multikultigeschäft, gilt der Spieler aus den eigenen Reihen noch immer als einer der liebsten, als „einer von uns". Hansi Müller, Karlheinz Förster, Günther Schäfer, Sami Khedira, Mario Gomez, Andreas Hinkel, Timo Hildebrand, Kevin Kuranyi, Alexander Hleb oder Serdar Tasci führen die Liste derer an, die beim VfB gelernt haben und aus denen etwas geworden ist.

Solche Fakten wecken Begehrlichkeiten, die sich nicht immer erfüllen lassen. Es gibt nun mal keine linear verlaufende Linie für Entwicklungen, die aus guten Jugendspielern automatisch gute Profis machen. Das letzte Eigengewächs, das es von der Jugend über die U23 direkt zur Stammkraft geschafft hat, ist Torhüter Sven Ulreich, und das ist schon ein paar Jahre her. Christian Gentner, seit seinem 14. Lebensjahr beim VfB, musste später erst einen dreijährigen Umweg über Wolfsburg machen, ehe er sich in seinem Stammverein durchsetzen konnte. Ähnliches hätte in diesem Jahr wohl auch für Daniel Didavi gegolten. Der Mittelfeldspieler erarbeitete sich als Leihgabe beim 1. FC Nürnberg in der vergangenen Saison seine Bundesliga-Reife und hätte in diesem Jahr wohl zum Stammkader gezählt. Aber er kam schwer verletzt aus Nürnberg zurück und nicht wieder so schnell auf die Beine wie erwartet. Im Moment ist Antonio Rüdiger auf dem besten Weg, den Sprung zum Stammspieler zu schaffen.

Dennoch stammen aktuell nur 25 Prozent des Bundesliga-Kaders aus dem eigenen Nachwuchs. Damit liegt der VfB in der Liga nur auf Platz sechs, zu wenig für die eigenen Ansprüche. Vor allem wenn man bedenkt, dass sechs Prozent aller Spieler der Bundesliga in Stuttgart ausgebildet wurden. Auch in dieser Hinsicht steht der VfB unangefochten auf Platz eins. Aufgrund dieser Zahlen kommt immer mal wieder – sowohl intern als auch in der Öffentlichkeit – die Kritik auf, der Verein mache immer noch zu wenig aus seinem guten Jugendbereich. Und dennoch wird fast täglich daran gearbeitet.

U23, U19, U17 – Bereiche, in denen es langsam ernst wird, wo es eigentlich schon ernst ist, wenn man das im Fußball überhaupt sagen kann. Es lassen sich Tendenzen erkennen, immerhin. Spieler werden auffällig, dann muss man sich genauer drum kümmern. Also sitzen Bruno Labbadia und sein Trainerteam immer wieder mit den Jugendtrainern zusammen. Ein größerer Rahmen, um wichtige Dinge zu besprechen, um die enge Verbindung zwischen Jugend- und Profibereich aufrechtzuerhalten. Es geht um Themen wie: Was wollen wir? Wie wollen wir spielen? Das fällt uns auf. Daran wollen wir arbeiten. Das müssen die Jugendtrainer wissen, am besten aus erster Hand. Ein einheitliches Spielsystem soll die verschiedenen Jahrgänge durchdringen, ein System, dem auch die Profis folgen. Macht es später für die Neulinge etwas einfacher, Profi zu werden, die Umstellung zu schaffen ist eh schon schwer genug. Jugend- und Profifußball, das sind eben zwei völlig verschiedene Dinge. Aber er, Labbadia, und sein Team schaffen Voraussetzungen, die bestmöglichen. Seine Konditions- und Leistungsdiagnostiker setzen sich mit den Konditions- und Leistungstrainern der Jugendteams zusammen, gehen die einzelnen Spieler durch. Wo bestehen Defizite, woran muss man arbeiten? Es liegen ja alle Daten vor, bis runter zur U17, von jedem einzelnen Spieler. Leider werden aus Kostengründen nicht alle Teams auf die gleiche Art und Weise erfasst. Die sogenannte Spiroergometrie, die über einen Laufbandtest mit Sauerstoffmaske und Einzelanalyse gemacht wird, ist eben sehr kosten- und zeitaufwendig. Deshalb muss oft auch der Laktattest auf dem freien Feld ausreichen, auch wenn man die Ergebnisse nicht gleichsetzen kann. Unter anderem deshalb lässt er ja immer wieder U23-Spieler bei seinen Profis mittrainieren. So sammelt Bruno Labbadia frühzeitig alle wichtigen Daten von den interessanten Spielern. Er tauscht sich dann mit U23-Trainer Jürgen Kramny aus: Wie entwickelt sich der Spieler, ist er schon so weit? „So weit sein" bedeutet: Er hat die Fähigkeiten, sich bei den Profis durchzusetzen. Aber er, der Cheftrainer, verlässt sich nicht nur auf die Meinungen anderer. Die U23 schaut er sich in der 3. Liga regelmäßig an, die U19, wann immer es geht, selbst bei der U17 ist Labbadia gelegentlich als Zaungast zu finden. Wenn da in den Sitzungen der Name eines interessanten Spielers fällt, also dann weiß er in aller Regel, um wen es sich handelt.

Sie testen die Jungs ja auch außer der Reihe. Auf Wunsch der sportlichen Leitung haben er und sein Co-Trainer Eddy Sözer eine spezielle Trainingsreihe ins Leben gerufen. Die besten Spieler von der U17 bis zur U23 trainieren dort gemeinsam. Die Einheit wird von Eddy Sözer geleitet, das ist Labbadia ganz wichtig. Er schaut sich die Arbeit vom Kraftraum aus an. Da kann ihn keiner sehen. Und er verschafft sich einen Überblick. Hinterher wird mit Eddy diskutiert. Das mit dem Spezialtraining ist gar nicht so einfach. Termine lassen sich nur schwer finden. Die beste Zeit für so etwas wären ja eigentlich die Länderspielwochen. Das hat nur den Nachteil, dass in dieser Zeit auch alle Jugendnationalspieler unterwegs sind. Und die Jugendnationalspieler, die deutschen und die ausländischen, das sind ja von vorneherein mal die interessantesten Spieler. Also haben sie es in dieser Saison erst dreimal geschafft. Einmal haben die Jugendtrainer einen Termin abgeblasen, mit der Bitte um Verständnis. Zu viele Spiele, die Akteure seien kaputt, wäre unfair für so ein wichtiges Training. Ja, da muss man Verständnis haben.

Ob einer von den „Auffälligen" tatsächlich mal was wird, das weiß man natürlich nicht. Steckt man nicht drin. Mein Gott, mit 17, da kann ja noch so viel passieren. Mal kommen die Mädchen dazwischen, mal kommt einer vom Weg ab, mal verliert er den Biss, warum auch immer. Sie haben die Fakten, die Leistungsdaten, sie können Voraussetzungen schaffen, fördern. Aber mit 17 entwickelt sich nicht nur der Körper weiter. Da machen sich auch die Gehirnwindungen selbstständig und schlagen Wege ein, von denen man nicht weiß, wo sie enden. Und andererseits: Manchmal fällt auch in der U19 einer auf, der die Jahre davor überhaupt nicht auf der Liste stand. Manche Spieler entwickeln sich sogar erst in der U23. Es gibt eben viele verschiedene Karrieremöglichkeiten.

Und selbst wenn sie es bis zu den Profis geschafft haben, ist das noch keine Garantie für nichts. Einer wie Cacau hat es sich beim VfB zur Aufgabe gemacht, die jungen Spieler zu führen. Er versucht, dabei nicht altklug zu wirken. Er will ihnen nichts vorschreiben, sagen, was sie machen müssen, weil er es einst so oder so gemacht hat. Das findet Cacau blöd. Er will sie begleiten, auch wenn das manchmal bedeutet, ihnen ein paar unangenehme Wahrheiten sagen zu müssen. Grundsätzlich, glaubt Cacau, hätten junge Spieler heute viel mehr Möglichkeiten. Wer heute gut ist, kann ohne Wenn und Aber oben ankommen. Früher war das schwieriger. Aber manchmal findet Cacau die Jungen ein bisschen bequem. Sie denken, ihr Talent reiche aus. Er fände es besser, sie würden mehr kämpfen, mehr Biss zeigen. Cacau fehlt bei den Jungen manchmal der Hunger. Da kommen eben die 18-Jährigen aus der zweiten Mannschaft und fahren Mercedes. Er findet es ja nicht grundsätzlich falsch, dass die Jungen Mercedes fahren. Nur wenn es dazu führt, dass sie keinen Biss mehr haben, dann kommen sie auch nicht oben an. Ihm ist schon klar, dass bei so einer Entwicklung die Erziehung eine Rolle spiele, das Umfeld oder gar der Berater. Und trotzdem, findet Cacau, ein junger Spieler muss auch selbst sehen: Das ist meine Chance.

Der Aufwand, glaubt Bruno Labbadia, ist für einen Trainer sehr groß, um die Jugendarbeit sinnvoll in die Planungen mit einbeziehen zu können. Ein engagierter Einsatz mit ungewissem Ertrag. Aber viel schlimmer noch ist, dass das ganze Geschäftsgebaren in der Bundesliga die Trainer nahezu gewaltsam dazu verleitet, diesen ganzen Aufwand gar nicht zu betreiben. Die durchschnittliche Verweildauer eines Trainers beim VfB liegt in den vergangenen Jahren bei knapp 13 Monaten, und in der gesamten Bundesliga ist es nicht viel anders. Er sei jetzt schon 27 Monate im Amt, also eigentlich viel zu lang, sarkastisch ausgedrückt. Warum also soll sich ein Cheftrainer eigentlich die U17 anschauen? Er hat doch nichts davon. Bis die Spieler mal Profis sind, ist er doch längst woanders. Darüber nachdenken sollte man nicht. Man muss das für sich klären und nach seinen eigenen Ansprüchen arbeiten. Für ihn heißt das: das Beste herausholen, solange man vor Ort ist. Und irgendwo, zugegeben, steckt im Hinterkopf doch die Hoffnung, bei einem Verein mal länger arbeiten zu können. Oder vielleicht sagen die Leute ja später mal, dass er, Bruno Labbadia, eine gute Struktur hinterlassen habe. Aber eigentlich gibt er sich in diesem Punkt keinen großen Illusionen hin. Sicher ist, in der U23 sind jetzt ein paar Spieler, von denen der VfB in ein paar Jahren profitieren wird. Und dann wird es heißen, ja, warum hat denn der Labbadia das nicht erkannt? Er macht sich da keinen Kopf. So ist das eben in dem Geschäft. Er und seine Trainer können nur eines tun: nach bestem Wissen und Gewissen entscheiden. Für die Mannschaft, für die aktuelle Lage, für den Nachwuchs. Nur, sagt Labbadia, muss man sich für die Zukunft eben auch mal Zeit bis morgen nehmen.

Kapitel 5
Strömungen und Stimmungen

Ein Spiel ändert alles

Die Nacht war lang nach dem Sieg im DFB-Pokal-Halbfinale gegen Freiburg. Fotograf Toby Binder schaffte es erst nach zwei Uhr morgens zu Hause in München ins Bett. Dann klingelt das Telefon, VfB Zeugwart Michael Meusch ist dran.

„Toby? Hier ist Meusch am Apparat. Hab ich dich geweckt?"

„Mann, Micha, es ist sieben Uhr morgens. Was glaubst du, was du gemacht hast?"

„Entschuldigung, aber es geht um die Hose von Schorsch. Ich richte gerade die Ausrüstung für Sonntag. Schorschs Hose fehlt."

„Er hat sie mir geschenkt. Ging doch drunter und drüber gestern. Finale, Finale, weißt du doch selbst. Ich war in der Kabine, um fürs Buch zu fotografieren. Da kam Niedermeier und hat mir die Hose geschenkt."

„Ich weiß. Es geht eigentlich gar nicht um die Hose. Es geht um den Glückscent."

„Welcher Glückscent? In der Hose ist nichts. Da ist kein Glückscent."

„Doch, schau noch mal nach. Er steckt ihn immer oben in den Bund."

„Tatsächlich, stimmt. Jetzt hab ich ihn."

„Schorsch hatte mal eine schwere Verletzung. Seither spielt er mit dem Glückscent, und es ist ihm nichts Ernsthaftes mehr passiert, verstehst du?

Ich brauch den Cent. Und bis zum nächsten Spiel am Sonntag sind es nur noch drei Tage."

„Ich komme vor Sonntag aber nicht mehr nach Stuttgart. Kannst du ihm denn nicht einfach einen anderen Cent geben?"

„Habe ich auch schon dran gedacht. Aber was, wenn er es merkt?"

„Okay, okay. Ich schicke ihn dir per Express."

Was schauen denn die sich wieder im Fernsehen an? Interessiert mich ja überhaupt nicht. Aber wenn Frau und Töchter am Sonntagnachmittag vor dem Kasten sitzen, dann will er nicht stören. Fredi Bobic hat eh noch zu tun. Mails beantworten. Ist die ganze Woche wieder nicht dazu gekommen. Guter Zeitpunkt jetzt, lenkt ja vielleicht auch ab. Nein, er wird sich nicht vor den Fernseher setzen und warten. Zittern, bangen, hoffen. Das bringt doch nichts. Auslosungen. Kann er doch eh nichts dran ändern. Einer greift in den Topf, holt eine Kugel raus, ein Zweiter öffnet sie, und dann weißt du Bescheid. Zu Hause oder auswärts. Und dein Gegner steht fest. Das schaut er sich nicht an, hat er noch nie gemacht. Ein unabänderlicher Vorgang, der alles in einem auslösen kann. Wut, Gleichgültigkeit, nicht wissen, was man davon halten soll, Enttäuschung oder Glück, das man kaum fassen kann. Wie auch immer. Unabänderlich. Durch Arbeit kann man was ändern, aber an Auslosungen? Die laufen, wie sie laufen, und der Regisseur wird nie erwischt.

DFB-Pokal-Halbfinale. Der erste Sonntag im März. Schicksalstag? Für den VfB? Ganz allgemein findet er den Pokal immer interessant. Toller Wettbewerb. Schon als Spieler hat Fredi Bobic die Atmosphäre immer genossen.

Weil vieles möglich ist, weil du deine Topleistung zu einem ganz bestimmten Zeitpunkt abrufen musst. Man kann nicht nachbessern. Nicht nächste Woche und auch in keiner Rückrunde. Es sind nur 90 Minuten. Sieg und weiter – Niederlage und raus. Das geht ganz schnell, oder es trägt einen weit, weit fort. Bis zum Finale nach Berlin.

Bayern München, SC Freiburg, VfL Wolfsburg, VfB Stuttgart. Die letzten vier. Die vier, die heute, 18 Uhr, in der *ARD-Sportschau* in Kugeln durch den Glasbehälter gedreht und dann zugelost werden. Dauert keine fünf Minuten, fünf Minuten, die für den VfB ziemlich wichtig werden können. Gewinnt der VfB das Halbfinale, von dem noch niemand weiß, wie es aussehen wird, und fährt zum Finale nach Berlin, kann er nicht nur Pokalsieger werden. Er kann auch die Qualifikation für den Europapokal schaffen. Und das am Ende einer Saison, die alles andere als optimal verlaufen ist. Kann ein Spiel alles ändern? Vielleicht. Aber deswegen schaut sich Fredi Bobic die Auslosung trotzdem nicht an. Wozu auch? Er wird schon früh genug erfahren, was auf den VfB zukommt. Er setzt sich ins Wohnzimmer und beantwortet Mails.

Fieber. Bruno Labbadia wird die Erkältung einfach nicht los. Der Sonntagnachmittag lässt genügend Muße, die lästigen Gliederschmerzen ein für alle Mal loszuwerden. Er trinkt bei solchen Beschwerden Tee mit Honig und Cayenne-Pfeffer, scharf. Altes Hausmittel, Tipp von einem Bekannten. Muss man mögen, wirkt aber. Und er geht ins Bett. Tür zu, Decke über den Kopf. Nichts wissen wollen, heute schon gar nicht. Hätte sich die Pokalauslosung auch gesund nicht angeschaut. Und so sieht Bruno Labbadia nicht, was kurz nach 18 Uhr an diesem Sonntag ganz Deutschland in der *ARD-Sportschau* zu sehen bekommt.

Timo Glock ist da. Rennfahrer als Glücksfee. Assistiert von Andreas Köpke, Torwarttrainer der deutschen Nationalmannschaft. Schon von Berufs wegen zur Neutralität verpflichtet. Und Timo Glock? Hat ja ein Gefühl in den Händen für scharfe Kurven, aber für kugelrunde Kugeln? Mischt sie ordentlich durch in dem Glasbehälter, fast ein bisschen übereifrig. Denn was soll man bei vier Kugeln, die in dem Behälter ziemlich verloren wirken, eigentlich noch durchmischen? Glock hört gar nicht mehr damit auf. Dann bekommt er doch die erste zu fassen, übergibt an Köpke, der fängt sicher (Torwart!) und öffnet mit ernster Miene: Bayern München. Jetzt bloß nicht … Glock rührt weiter, als müsste er einen griechischen Bauernsalat in Form bringen. Zweite Kugel, Köpke fängt wieder sicher, ernste Miene: VfL Wolfsburg.

Läuft super bis jetzt. Die Frage lautet nur noch: zu Hause oder auswärts? Glock rührt, Köpke fängt, ernste Miene: VfB Stuttgart. „Der Ordnung halber", sagt der Moderator und bittet Timo Glock, ein letztes Mal zuzugreifen. Köpke, ernste Miene: SC Freiburg. Hätte alles viel schlimmer kommen können.

Bei Bruno Labbadia klopft es an die Tür. Seine Frau streckt den Kopf herein: „Hey", sagt sie, „ihr habt ein Heimspiel, Freiburg." Labbadia atmet tief durch. An diesem Abend geht das Fieber merklich zurück.

Fredi Bobic bekommt kurz nach 18 Uhr eine SMS. Ach, ist es schon so spät, sind die schon so weit? Absender ist ein Freund: „Glückwunsch", steht da, „Freiburg zu Hause." Bobic schaut sich die SMS in Ruhe an. Er macht keinen Luftsprung, er öffnet auch keine Flasche Champagner. Er weiß, was im Fußball alles passieren kann, er weiß, dass es schwer wird und dass es für den VfB eigentlich schon ein Finale ist. Ein baden-württembergisches Derby auch noch gegen die Überraschungsmannschaft der Saison. Unsere große Chance. Bobic sitzt da und denkt: „Geiles Spiel."

Endlich ist es so weit. Ist ja noch viel passiert in den vergangenen Wochen. Weniger in der Bundesliga. Lief weiter nicht so gut. Sie haben versucht, die Konzentration hoch zu halten. Nach dem Aus in der Europa League gegen

Lazio Rom waren es nur noch zwei Wettbewerbe. Vielleicht immer noch einer zu viel in diesem Jahr. Mit dem Klassenerhalt wird es schon hinhauen, da ist sich die Mannschaft sicher. Aber heute, heute muss man das ausblenden. Heute geht's um alles.

Endlich ist es so weit: DFB-Pokal-Halbfinale. Das Spiel, das alles ändern kann. Oder zumindest vieles. Oder auch nichts.

Berlin, Berlin, fahren wir nach Berlin?

Haben sich fast überschlagen, die Ereignisse, seit Timo Glock in der *ARD-Sportschau* mit den Kugeln gespielt hat. Gerd E. Mäuser, der Präsident, hat seinen Rücktritt erklärt. Letzter Arbeitstag soll der 3. Juni sein. „Die Art der Berichterstattung über den Präsidenten des VfB Stuttgart hat eine große Belastung für den Verein bedeutet", hat Mäuser gesagt. Der Verein hat mitgeteilt und „einstimmig beschlossen, Fredi Bobic mit sofortiger Wirkung als Vorstandsmitglied für den Bereich Sport des Vereins zu berufen". Fredi Bobic hat gesagt: „Völlig unabhängig von meiner Person halte ich es generell für sinnvoll, dass der Sport im Vorstand vertreten ist." Richtungsänderung, Neuanfang, Kurve bekommen, andere Wege gehen. Aber der erste Weg, der soll nach Berlin führen. Dafür braucht es einen Befreiungsschlag. Endlich ist es so weit. Jetzt oder nie. Und in Berlin warten die Bayern. Das heißt: Gewinnt der VfB heute, hat er sich für den Europapokal schon qualifiziert. Als Meister spielen die Bayern ja bereits in der Champions League.

Berlin, Berlin, fahren wir nach Berlin?

Ihr schafft das. Ihr müsst an euch glauben. Sagt Serdar Tasci. Der Kapitän sagt „ihr". Er kann nicht mitmachen. Macht ihn wahnsinnig. Zeigt er aber nicht. Verdammte Sehne, gereizt zum falschen Zeitpunkt, obwohl es für eine gereizte Sehne, die einen Einsatz verhindert, ja nie einen geeigneten Zeitpunkt gibt. Aber egal jetzt. Es geht nicht um ihn, es geht um die Mannschaft, den Verein, um den VfB, seinen VfB. Ihr macht das.

Die Mercedes-Benz Arena erstrahlt im Flutlicht. Ausverkauft. 59.000 Zuschauer. Vau, Vau, Vau-Eff-Bee. Pokalstimmung. Superstimmung. Eine Atmosphäre, als hätte es die ganze Saison nicht gegeben. Halbfinale, Neuanfang. Es darf nichts schiefgehen. Aber es denkt nicht mal einer dran, dass irgendetwas schiefgehen könnte. Der VfB macht Dampf, als habe es die Probleme mit der Kraft und Spritzigkeit nie gegeben. Erste Chance Harnik, zweite Chance Harnik, da sind gerade fünf Minuten vorbei. Und dann Boka. Der kleine Riese. Als die Personaldecke immer dünner wurde in dieser Saison und kein anderer mehr da war, hat Bruno Labbadia den Außenverteidiger von der Elfenbeinküste mit den großen technischen Fähigkeiten zum Mittelfeldspieler umgeschult. Jetzt zieht er da die Fäden. „So, als hätte er noch nie was anderes gemacht", wundert sich Labbadia.

Jedenfalls: Boka, 9. Minute, flach ins Eck, 1:0. Die Arena explodiert, Boka wird begraben. Spielertraube.

Weiter jetzt. Der VfB stürmt, Freiburg kommt einmal nach vorne. Jetzt wird Boka überlaufen. Von Jan Rosenthal. 1:1, 14. Minute. Ein Angriff, ein Gegentor. Ja, geht das schon wieder los? Oder ist Pokal doch anders? Pokal ist anders. Nix geht los. Außer dem VfB. Macht weiter, als wäre nichts gewesen. Gentner flankt, Harnik macht sich lang, köpft den Ball an die Unterkante der Latte. Von dort springt er hinter die Linie – 2:1, 29. Minute. Der VfB kämpft, er will es wissen, vielleicht ein bisschen mehr an diesem Tag als Freiburg. „Vau, Vau, Vau-Eff-Bee." So laut, so wild war es schon lange nicht mehr in der Arena. Und dann ist Halbzeit.

Berlin, Berlin, fahren wir nach Berlin?

Noch 45 Minuten. Die Mannschaft gibt alles. Die Kräfte lassen nach, der Wille nicht. Das Stadion wird lauter, noch lauter. Das Team braucht Unterstützung, keine Pfiffe, sondern Aufmunterung. Ein echtes Pokalspiel, sagt der Volksmund, der gerade seine Mannschaft nach vorne brüllt. Wir werden das doch über die Zeit bringen. Die paar Minuten noch. Ist doch gleich zu Ende. Bruno Labbadia macht das, was jeder Trainer tut. Er will Zeit gewinnen, er wechselt aus. 87. Minute, Okazaki kommt für Traoré. 90. Minute, Holzhauser kommt für Maxim. Ist immer noch nicht Schluss? Holzhauser setzt sich fest an der Freiburger Eckfahne. Mit Ball. Erster Einwurf, zweiter Einwurf. „Vau, Vau, Vau-Eff-Bee." Schlusspfiff. Raphael Holzhauser haut den Ball hoch und weit mitten in die Cannstatter Kurve.

Berlin, Berlin, wir fahren nach Berlin!

Alle Spieler rennen aufs Feld, alle, die noch rennen können. Und Manager, Trainer, Betreuer. Die Spieler rennen in die Cannstatter Kurve, ziehen sich das T-Shirt über. Rot, natürlich: „Wir können alles. Auch Berlin." Sie feiern zusammen, wie sie es schon lange nicht mehr getan haben. Und Jan Rosenthal, Freiburgs Torschütze, ist untröstlich. Er spricht nicht über die Tore von Boka und Harnik, sagt nichts über mögliche Unkonzentriertheiten in der Freiburger Abwehr, er will nicht einmal etwas über seine persönliche Enttäuschung loswerden. Er sagt etwas ganz Eigenartiges: „Das Stuttgarter Pubilkum war überragend. Wir haben nicht geschafft, es aus der Partie herauszunehmen."

Berlin, Berlin, wir fahren nach Berlin!

Sie feiern immer noch, da drüben in der Cannstatter Kurve. Und sie feiern weiter. Am nächsten Tag, den folgenden Tagen. Wie die Stimmung umgeschlagen ist. Unfassbar, unglaublich. Dieses eine Spiel. Serdar Tasci kann es kaum glauben. Wir werden alles geben in Berlin, sagt der Kapitän. Er sagt wieder „wir". Weil er diese Sehne behandeln wird mit allem, was es gibt. Weil er einen Teufel tun wird, seinen Einsatz am 1. Juni in Berlin zu gefährden. So ein Finale, das wird für viele seiner Kollegen ein einmaliges Erlebnis werden. Er kennt diese Atmosphäre im Olympiastadion. 2007 war er schon einmal dort. Der VfB kam als Meister und Favorit. Und verlor in der Verlängerung gegen Nürnberg 2:3. Damals war auch Cacau schon dabei. Cacau als tragische Figur. Brachte den VfB 1:0 in Führung, gab alles, wollte alles, reagierte über, sah Rot. Mit zehn Mann ging es auch gegen Nürnberg nicht. Jetzt aber hat Cacau wieder ein Ziel. Kreuzband, Innenband, das schafft er. Berlin, 1. Juni, das ist sein Termin, da muss er dabei sein.

Fredi Bobic, der Manager, heizt die Stimmung noch ein bisschen an. Er erzählt den Spielern, wie das ist in Berlin beim Pokalfinale. Und dass sie es genießen sollen. Weil sie das so oft nicht genießen werden. Er freut sich, weil sich die Jungs das verdient haben. Gerade nach so einer Saison. Und Fredi Bobic, der Sportvorstand, sagt, dass sich nach der Rücktrittserklärung des Präsidenten die Gremien des Vereins wieder zusammenraufen und an einem Strang ziehen müssen, um einen geeigneten Nachfolger als Präsidenten zu finden. Und er sagt, dass der Aufsichtsratsvorsitzende Prof. Dr. Dieter Hundt dies nicht mehr alleine machen solle. Der Neuanfang. Und auch noch Berlin.

Ist doch egal, was die anderen denken. Soll doch ganz Deutschland vorrechnen, wie hoch sie gegen die Bayern, den Meister, den Barcelona-Zerleger und Champions-League-Sieger, verlieren. 0:5, 0:6, 0:10. Ganz egal. So läuft das nicht. Die Chance ist klein, na und? Sind nur 90 Minuten, ein Spiel. Da ist alles möglich.

Es ist dann doch nicht alles möglich. In Berlin verliert der VfB 2:3. Zuerst ist die Enttäuschung groß. Aber ganz so schlimm ist das nicht. Das Umdenken und die Vorbereitungen für einen Neustart hatten ja längst begonnen. Mitte April, beim 2:1 gegen Freiburg. Ein Sieg, der mal wieder die Hoffnung nährte, dass alles anders, alles besser wird. In Zukunft.

Schlussoffensive

Freudige Erwartung, große Hoffnung, positive Grundeinstellung. Die Köpfe sind frei auf dem Cannstatter Wasen für neue Ziele, die Trikots frisch gewaschen, die Gesichtszüge entspannt und die Muskeln wieder locker, bereit für eine Saison, die anders werden soll als die vergangene. Der Blick geht nur nach vorn. Fast nur. Manager und Sportvorstand Fredi Bobic ist gemeinsam mit dem Aufsichtsrat dabei, die letzten Aufräumarbeiten zu erledigen, die das Durcheinander vollends beseitigen sollen, das die jüngste Vergangenheit mit ihren Turbulenzen verursacht hat. Ein positives Durcheinander mit einem erfolgreichen Happy End, davon sind alle beim VfB Stuttgart überzeugt.

Nach dem freiwilligen Abgang des Präsidenten trat auch der Vorsitzende des Aufsichtsrats, Prof. Dr. Dieter Hundt, zurück. Sein bisheriger Stellvertreter Dr. Joachim Schmidt übernahm den Vorsitz. Das sind gewaltige Bewegungen auf der Führungsebene des VfB, die durch die Präsentation eines neuen Präsidenten endgültig beruhigt werden sollen. Bernd Wahler soll die Fans, Sponsoren und Mitarbeiter des Vereins wieder zu einer verschworenen Gemeinschaft zusammenbringen und dem VfB wieder ein Gesicht und eine Richtung geben. Die Wahl der Vereinsverantwortlichen fiel auf den erfahrenen Adidas-Manager, weil er als ein Mann mit Führungsqualitäten und Visonen gilt, ein kreativer Typ, ein Teamplayer und offen im Umgang. Dass er in seiner Jugend im Trikot mit dem roten Brustring kickte, wird immer wieder gern betont.

Der Neuanfang beim VfB bekommt Konturen. Und eine neue Mannschaft. So gezielt hat Fredi Bobic in Absprache mit Bruno Labbadia am Kader gearbeitet, dass selbst Hansi Müller öffentlich urteilt: „So früh hatten wir den Kader noch nie zusammen, und das mit viel Qualität. Ein Klassejob." Denn nicht nur die Stimmungslage, sondern auch die Tonlage hat sich auf dem Wasen völlig verändert. Das schlägt nicht nur aufs Gemüt und die Seele, es schlägt sich vor allem in einem Kader nieder, den acht neue Spieler verstärken. Daniel Schwaab (Leverkusen), Konstantin Rausch (Hannover), Sercan Sararer (Fürth), den Cottbuser Torhüter Thorsten Kirschbaum und den neuseeländischen Geheimtipp Marco Rojas konnte Bobic ablösefrei nach Stuttgart locken. Bei der Dortmunder Leihgabe Moritz Leitner und dem 3,5 Millionen Euro teuren Stürmer Mohammed Abdellaoue (Hannover) war das etwas anders. Im Gegenzug verkaufte der VfB Shinij Okazaki nach Mainz, die Nachwuchstalente Raphael Holzhauser und Kevin Stöger sollen sich als Leihgaben in Augsburg und Kaiserslautern weiterentwickeln.

Dieser Personalstand ist das Ergebnis monatelanger Arbeit, die einen Hauptteil des Geschäfts von Fredi Bobic ausmacht. Zwar ist auch der Manager immer nah an der Mannschaft, beobachtet Strömungen, führt Gespräche mit Spielern und tauscht sich ständig mit den Trainern aus. Aber dann muss er den Alltag beiseiteschieben, um sich der strategischen Entwicklung einer Mannschaft anzunehmen. Nach dem, was dabei geschieht, wird der wahre Wert eines Managers beurteilt. Wer Spieler günstig einkauft, versteckte Talente entdeckt und lohnenswert verkaufen kann, gilt als wahrer Könner seines Fachs.

Schon im Frühjahr, als noch niemand wusste, wie die Saison ausgehen würde, legten sich Labbadia und Bobic fest. Sie definierten die Positionen, auf denen nach Verstärkungen und Ergänzungen gesucht werden musste. Im März lag Bobic bereits das Material von 30 Spielern aus aller Welt vor. Sie wurden auf ihre Tauglichkeit hin geprüft, die Chancen eines möglichen Transfers abgewogen. Wer solche Entscheidungen treffen muss, die in aller Regel in die Millionen gehen, schaut lieber zweimal hin. Es werden Informationen gesammelt, Meinungen eingeholt und natürlich Videos angeschaut.

Weltweit vernetzt ist der VfB Manager, dank vieler Kontakte, die er als Exprofi in all den Jahren gesammelt hat. Denn ohne Tipps geht es nicht in diesem Geschäft. Man kann seine Scouts losschicken, wann immer man will, aber wer auf gut Glück auf die Reise geht, wird nur selten fündig. Es gibt verschiedene Möglichkeiten, sich für einen Transfer zu entscheiden, bei den einen fühlt man sich sicherer als bei anderen. Doch auch, wenn man sich noch so akribisch vorbereitet, alle Für und Wider bis ins kleinste Detail berücksichtigt – eine Garantie, den richtigen Spieler verpflichtet zu haben, bekommt man nie. Oder erst, wenn er wirklich spielt. So empfindet es Bobic als sehr gefährlich, einen Kandidaten „vom Video weg" zu kaufen, wie er das nennt. Seine fußballerischen Fähigkeiten mögen unstrittig sein, aber es birgt Risiken, seinen Kader mit einer Persönlichkeit zu bereichern, die man nur vom Hörensagen kennt. Trotzdem kommt es immer wieder vor, auch beim VfB. Fredi Bobic geht das ganz gegen seine Überzeugung, mögen die Umstände noch so schwierig und der Druck hoch sein.

Damals, im Sommer 2010, er hatte gerade beim VfB angefangen und die Saison schon wieder begonnen, bekam er von Spielerberater Thomas Kroth einen Tipp. Der Exprofi hat als Erster den japanischen Markt erschlossen und gilt als absoluter Experte. Er glaubt, dass Shinji Okazaki möglicherweise einen Teil der Probleme lösen oder zumindest lindern könnte, die den VfB immer tiefer in die Abstiegszone zogen. Bobic sah sich Videos von Okazaki an, sein Interesse war geweckt. Damals musste es einfach schnell gehen. Der VfB brauchte frisches Blut, und zwar dringend. Bobic reiste nach Japan, schaute sich Okazaki an, traf sich mit ihm und versuchte, einen Eindruck zu bekommen. So schlecht ist der VfB mit Okazaki nicht gefahren. Aber schon bei der Verpflichtung von dessen Landsmann Gotoku Sakai nahm sich Bobic wesentlich mehr Zeit. Der VfB beobachtete den Spieler live, sammelte Informationen, wertete das Videomaterial aus. Schließlich telefonierte Bobic mit Guido Buchwald, ehemaliger Spieler und Trainer in Japan und damit ebenfalls ein ausgewiesener Experte. Die Eindrücke von Bobic und Buchwald über den Verteidiger deckten sich. Also entschloss sich der VfB Manager, nach Japan zu fliegen. Drei Tage dauerte der Trip, der einen gewaltigen Jetlag nach sich zog. Bobic beobachtete ein Spiel und traf sich anschließend mit Sakai und Dolmetscher. Nicht, dass solche Gespräche besonders ergiebig sind, aber Bobic will einem Spieler in die Augen sehen, bevor er ihm das Jawort gibt. Er will das Feuer spüren und den Ehrgeiz. Und dafür ist es nicht wichtig, ob man jedes Wort versteht, das der andere sagt. Anschließend kam Sakai nach Stuttgart, in geheimer Mission. Er absolvierte ein Probetraining, von dem niemand wissen sollte. Tatsächlich kam die Geschichte nicht heraus. Manchmal hat man eben auch als Manager Glück.

Dass man nicht immer den Spieler bekommt, den man haben möchte, das gehört zu den Nebenwirkungen eines freien Marktes, auf dem manchmal die sportlichen Argumente entscheidend sind, aber meistens eben doch das Geld den Ausschlag gibt. Und man muss warten können, auf günstige Umstände, den richtigen Augenblick. Der Rumäne Alexandru Maxim stand ganz oben auf der Wunschliste des VfB, ein junges Talent, unverbraucht und ausgestattet mit großem Potenzial. Bobic hatte nur keine Möglichkeiten, den Transfer zu verwirklichen. Erst als in der Winterpause die Chance bestand, Kuzmanovic zu verkaufen, war plötzlich wieder Geld da, um mit Maxim in die Zukunft zu investieren.

Videos allein sind kein guter Ratgeber. Gotoku Sakai kam zum Geheimtraining nach Stuttgart, bevor ihn Fredi Bobic verpflichtete.

Früh dran sein, seine Augen überall haben, sich auf seine Nase verlassen können, sein Gespür, das ist das Wichtigste. Wenn die Spieler erst einmal in der Champions League auftauchen, dann kennt sie jeder. Das heißt, sie werden teuer, die Konkurrenz ist größer und oftmals mächtiger.

Und so sichten sie auf dem Wasen, verfolgen Hinweise, besorgen sich Videomaterial, sammeln Informationen, gehen auf Tour und besprechen sich immer wieder. Eine ganze Scoutingabteilung steht Sportdirektor Jochen Schneider und Bobic zur Verfügung, gute Beobachter, die nach bestem Wissen und Gewissen Berichte verfassen, um dem Verein die Entscheidung leichter zu machen. Kommt ein Kandidat in die engere Wahl, beginnt die eigentliche Recherche. Fredi Bobic versucht dann, so genau wie möglich dessen Marktwert festzulegen. Wieder wird telefoniert, die Vertragssituation ausfindig gemacht, das Gehalt, die mögliche Transfersumme. Macht der Verein hinter all die Eckdaten gedanklich einen Haken, folgt die offizielle Anfrage.

Bis dahin hängt man all die Arbeit, die dahintersteckt, nicht an die große Glocke. In aller Stille findet das im Idealfall statt, weil öffentliche Anteilnahme in aller Regel stört. Steht die Geschichte erst einmal in der Zeitung, nehmen Transferbemühungen oft eine abenteuerliche Wendung. Plötzlich ist von angeblichen Konkurrenten die Rede, die Preise steigen. Die Sache kann undurchsichtig werden, wenn Berater plötzlich das große Geschäft mit einem ihrer Schützlinge wittern. Manche zocken hoch. Seriöse von unseriösen Vermittlern zu unterscheiden gehört zum Geschäft. Und inzwischen sind die Manager konkurrierender Vereine, wenn sie sich gut kennen, durchaus bereit, auch mal zum Hörer zu greifen und miteinander zu reden. Bobic bekam von einem Konkurrenten auch schon den Hinweis: „Egal, was in der Zeitung steht, egal, was der Berater behauptet – wir sind nicht an dem Spieler interessiert."

Transfers sind eine heikle Sache. Und nicht einmal ein gelungener Deal ist eine Garantie für das große Glück.

Ja, die Gerüchte. Der Transfermarkt lebt damit. Eine eigene Unterhaltungsindustrie der Sparte Fußball außerhalb des Platzes, in der sich seriöse Informationen und Geschichten, die der Wind haucht, gnadenlos vermischen. Wer mit wem – eine öffentliche Beziehungsbörse, wie man sie sonst hauptsächlich von Hollywoodstars kennt. Durch das Internet schießen die Gerüchte oft ins Kraut, was für die Arbeit eines Managers nicht gerade hilfreich ist, im Gegenzug aber auch Spaß machen kann. Im Januar empfing Fredi Bobic Journalisten und wurde mit den neuesten Gerüchten über den italienischen Nachwuchsstürmer Macheda konfrontiert. Die Verpflichtung sei ja wohl hinfällig, musste Bobic erfahren, Manchester habe den Stürmer ja nach Spanien ausgeliehen. Genau zu diesem Zeitpunkt saß Macheda oben im Büro des Managers, um die letzten Formalitäten zu klären. Und Bobic antwortete den Journalisten: „Schade, das ist ja interessant."

Andererseits: Wenn sich Bobic im „Dschungel von Bolivien" ein Spiel ansieht, hat irgendein Schlauberger aufgepasst, twittert oder stellt ein Foto ins Netz. Und kaum zu Hause, kommt schon der Anruf: „Was haben Sie da gemacht?" Am besten ist, findet Bobic, man lässt sich bei seiner Arbeit nicht erwischen. Alles andere macht den Job gleich wieder etwas komplizierter.

Transfers sind eine heikle Sache. Und nicht einmal ein gelungener Deal ist eine Garantie für das große Glück. Arie Haan verpflichtete 1988 aus der Tiefe des Raumes den völlig unbekannten Jugoslawen Srecko Katanec für 300.000 D-Mark. Katanec spielte einen überragenden Sechser und hatte wesentlichen Anteil daran, dass die Saison damals erst mit dem UEFA-Pokalfinale gegen Neapel endete. Aber mit jedem Spiel, vor allem auf der internationalen Bühne, machte Katanec auch Werbung für sich selbst. Und die Serie A, damals die attraktivste Liga der Welt, geizte sowieso nicht mit Geld. Eines Tages, in der Sommerpause, lag VfB Geschäftsführer Uli Schäfer ein Angebot von Sampdoria Genua vor: 3,5 Millionen D-Mark für Katanec. Innerhalb eines Jahres hatte sich der Wert des Spielers mehr als verzehnfacht. Da kann ein Geschäftsführer nicht anders, Katanec ging nach Italien. Der Haken an der Sache: Der Transfer ging so schnell über die Bühne, dass Trainer Arie Haan nichts davon wusste. Er war entsprechend sauer, das Verhältnis zwischen ihm und dem Geschäftsführer wurde nie wieder so, wie es vorher war. Knapp ein Jahr später trennten sich die Wege von Haan und dem VfB. Katanec dagegen hatte das große Los gezogen. Mit Sampdoria gewann er den Europapokal der Pokalsieger und wurde Italienischer Meister.

Manchmal findet man auch Spieler, die man gar nicht sucht. 2002 brauchte Felix Magath eigentlich dringend einen Stürmer. Einer der VfB Scouts war bei Benfica Lissabon fündig geworden und überredete den Trainer zu einem Besuch in Portugal. Auf der Tribüne fragte der Scout, was er den nun von dem Stürmer halte. Aber Felix Magath antwortete: „Wer ist eigentlich die Nummer sechs von Benfica?" Ein paar Monate später trat Fernando Meira seinen Dienst beim VfB an. Es war mit 7,5 Millionen Euro der bis dahin teuerste Transfer der Vereinsgeschichte. Es kommt eben manchmal anders, als man denkt. Das kann gut gehen, wie im Fall Meira, oder auch nicht.

Fredi Bobic ist zuversichtlich. Über 25 Mann hat der Kader jetzt, den er gemeinsam mit den Scouts, dem Trainer, in Absprache mit Jochen Schneider und mit einem großen Verantwortungsgefühl gegenüber der Vereinskasse behutsam ausgesucht und zusammengestellt hat. Er weiß, dass damit auch die Erwartungen steigen, bei den Fans und im Verein.

Kapitän Serdar Tasci und die Mannschaft schwören sich ein, tanken Selbstvertrauen und Zuversicht, und sie sind sich ganz sicher, diesmal den Saisonstart nicht wieder zu verschlafen. Michael Pfeiffer wird seinen Rasen pflegen und den Boden bereiten, damit nichts schiefgehen kann. Michael Meusch legt Trikots und Schuhe bereit. Bruno Labbadia und Eddy Sözer werden das Vorbereitungs- und Trainingsprogramm genau abstimmen und dabei die Qualifikation für die Europa League berücksichtigen. Uli Ruf wird Bilanzen vorlegen, die dem VfB den Rücken freihalten. Der neue Präsident Bernd Wahler, von den Mitgliedern mit überwältigender Mehrheit gewählt, wird die Mitarbeiter des Vereins auf die anstehenden Aufgaben einschwören.

Es beginnt von vorn. Und es geht weiter, immer weiter.

Impressum

ISBN 978-3-492-05616-8

© Piper Verlag GmbH, München 2013

Herausgeber:
VfB Stuttgart 1893 e.V.

Konzept/Gestaltung/Redaktion:
KircherBurkhardt GmbH
Rotebühlstrasse 81, 70178 Stuttgart
www.kircher-burkhardt.com

Text:
Reiner Schloz (KircherBurkhardt GmbH)

Technische Koordination/Lektorat:
Piper Verlag GmbH

Druck/Bindung:
Kösel GmbH & Co. KG
Printed in Germany

www.piper.de

Wir sagen danke

Wir bedanken uns bei allen Mitarbeitern des VfB Stuttgart für ihre Offenheit und die Bereitschaft, das Projekt zu unterstützen.

Unser besonderer Dank gilt Manager Fredi Bobic und Trainer Bruno Labbadia, die auch in schwierigen Phasen dieses Jahres immer zur Verfügung standen, ebenso wie den Spielern Serdar Tasci, Antonio Rüdiger und Cacau.

Großen Anteil an der Verwirklichung des Buchs hat die Abteilung Medien/Kommunikation des Vereins, allen voran Jens Marschall.